MÉMOIRE

SUR

LA PRODUCTION DE L'OR ET DE L'ARGENT,

CONSIDÉRÉE

DANS SES FLUCTUATIONS,

PAR M. ALEX. DE HUMBOLDT,

Traduit de l'allemand, par M. M. REMPP,

Avec un avant-propos de M. MICHEL CHEVALIER.

PARIS
CHEZ GUILLAUMIN ET Ce, LIBRAIRES,
Éditeurs du *Journal des Économistes*, de la *Collection des principaux Économistes*,
du *Dictionnaire du Commerce et des Marchandises*, etc.
Rue Richelieu, 14.

1848

EXTRAIT
DU
JOURNAL DES ÉCONOMISTES,
Revue mensuelle de l'Économie politique, des Questions agricoles, manufacturières et commerciales.

(Nos 76, 78 et 79, Mars, Avril, Mai 1848.)

(7ᵉ ANNÉE, Nos 3 et 6.)

MÉMOIRE

SUR

LA PRODUCTION DE L'OR ET DE L'ARGENT,

CONSIDÉRÉE

DANS SES FLUCTUATIONS.

Tout ce qui concerne la production de l'or a pris, depuis une dizaine d'années, un grand intérêt, parce que, récemment, de nouvelles exploitations ont été ouvertes, et bientôt elles se sont mises à verser sur le marché général une forte proportion de ce précieux métal. Il y a dix ans, M. de Humboldt publia dans un recueil allemand, la *Revue trimestrielle*, un Mémoire où il faisait un exposé lumineux de ce qu'avait été dans le passé l'extraction des métaux précieux, des variations qu'ils avaient subies dans leur valeur relativement aux objets de première nécessité et l'un par rapport à l'autre. Il indiquait aussi la chance qu'avaient les nouveaux gisements d'or découverts dans la Russie d'Asie, de devenir très-productifs. Ce Mémoire n'a rien perdu de l'intérêt qu'il tirait d'une étude rétrospective faite avec une rare sagacité. Les dix années qui se sont écoulées depuis ont plus que justifié les prévisions qui s'y trouvaient exprimées avec cette réserve dont un savant et un philosophe — M. de Humboldt est l'un et l'autre, — ne doivent jamais se départir.

Le vieil Hérodote l'avait bien dit, mais les modernes, dans leur dédaigneux orgueil, ne voulaient pas le croire, les régions de la Russie d'Asie sont le grand dépôt où la nature a placé l'or. Une fois que le génie des arts européens a eu son attention appelée de ce côté, l'extraction s'est développée rapidement, et le métal, qui autrefois allait remplir les coffres des grands rois de la Perse, est sorti du sein de la terre pour se rendre à Saint-Pétersbourg. A l'époque où M. de Humboldt envoyait ses observations à la *Revue trimestrielle*, la quantité de métal fin que produisaient les lavages de la Russie était entre six et sept mille kilog. pesant. A 3,444 fr. 44 c. le kilog., c'était déjà une somme ronde; peu à peu, c'est monté à 11,000 kilog. Tel fut, à peu de chose près, le chiffre de 1841. Puis elle est sautée à 20,000; maintenant, elle est environ de 29,300, qui, au taux de la monnaie française, représentent 100,922,000 fr. Il faut y ajouter une quantité d'environ 700 kil. qu'on retire des mines d'argent aurifère. C'est un total de 30,000 kil. valant, au taux de la monnaie française, 103,333,000 fr.

Pour apprécier l'importance économique et politique de ce résultat, il faut se rappeler le montant de l'extraction des autres mines d'or qui versent leurs produits sur le marché général. Les renseignements sont beaucoup plus incertains pour l'or que pour l'argent ; cependant on peut estimer qu'il s'extrait aujourd'hui 63,250 kilog., valant 217,860,830 fr.

Savoir :

Amérique	14,959 kil. ou	51,494,000 fr.
Europe	1,300 —	4,478,000
Russie	30,000 —	103,333,000
Afrique et Asie méridionale [1]	17,000 —	58,555,000
Total	63,250 —	217,860,000

Au commencement du siècle, c'était beaucoup moins. La production de l'Amérique était un peu moindre qu'aujourd'hui, en nombres ronds 14,000 kilog. Celle de l'Europe et des autres contrées peut être considérée comme ayant alors été la même qu'en ce moment. Mais la Russie d'Asie rendait de moins tout l'or de lavage et fournissait à peu près 650 kil. de métal fin qu'on retirait des lingots d'argent. L'extraction totale de l'or aurait donc été de 32,950 kilog. (113,494,000 fr.), savoir :

Amérique	14,000 kil. ou	48,222,000 fr.
Europe	1,300 —	4,478,000
Russie	650 —	2,239,000
Afrique et Asie méridionale	17,000 —	58,555,000
Totaux	32,950 kil.	113,494,000 fr.

Mais alors la proportion de l'or de l'Afrique et de l'Asie méridionale qui paraissait sur le marché général était moindre qu'aujourd'hui. Le total de 32,950 kilog. pour cette époque-là serait donc exagéré à l'égard du marché général.

En nombres ronds, l'on peut dire que la quantité d'or qui alors était versée sur le marché général n'était pas la moitié de ce qui y apparaît aujourd'hui.

Le changement est donc grand ; mais on le trouvera plus grand encore si on examine ce qui s'est passé pour l'argent.

Au commencement du siècle, l'Amérique en donnait environ 800,000 kilog. contre 615,000 qu'elle a rendus dans ces dernières années. L'Europe, la Turquie, la Russie en fournissaient 86,000 kil. Aujourd'hui, c'est une masse qu'il faut porter à 160,000. La Chine était, par rapport au marché général, comme si elle n'en produisait

---

[1] Cette évaluation est fort hypothétique. J'en ai présenté les éléments avec beaucoup de réserve dans plusieurs passages d'un écrit intitulé : *Les Mines d'or et d'argent*, et surtout pages 111 et 112.

pas; aujourd'hui elle y en verse et on est certain qu'elle en produit [1]: ainsi, ce n'est pas seulement une restitution. Des évaluations hypothétiques, je dois en convenir, m'ont conduit à imprimer que la production totale de l'argent pouvait, par rapport au marché général, être portée à 875,000 kil., c'est-à-dire qu'elle est un peu moindre qu'au commencement du siècle.

Voilà donc les résultats comparatifs à un demi-siècle d'intervalle :

	Au commencement du siècle.		Aujourd'hui.	
Or............	32,950 kil.	ou 113,494,000 fr.	63,250 kil.	ou 217,860,000 fr.
Argent.........	900,000 —	199,998,000	875,000 —	194,417,000
		313,492,000 fr.		412,277,000 fr.

Ainsi, au commencement du siècle, le marché général recevait au minimum 27 kilog. d'argent, et probablement plus de 30, contre 1 d'or. En supposant 27 seulement [2] et en estimant les deux métaux d'après le tarif de la monnaie française, c'est 1 fr. 76 c. en argent contre 1 fr. en or. Aujourd'hui c'est 14 kil. d'argent contre 1 d'or, ou 89 c. en argent contre 1 f. d'or. Sous cette forme, l'effet obtenu se voit mieux que sous toute autre, et il est fort remarquable. Jamais, depuis la découverte de l'Amérique, rien de semblable ne s'était produit. Le rapport le plus faible qu'on eût observé était le double de celui qui s'offre aujourd'hui; c'est-à-dire qu'il était de 28 ou 30 kilog. d'argent contre 1 kil. d'or; et encore ne se maintint-il à ce point que pendant le grand éclat des mines d'or du Brésil, vers le milieu du dix-huitième siècle. Plus ordinairement, c'était de 40 à 50 kilog. d'argent contre 1 kil. d'or. Ce revirement subit, totalement imprévu il y a vingt ans, doit être attribué aux gîtes d'or de la Russie.

Voilà donc le phénomène qui s'est opéré : sur le marché général qui s'est agrandi en embrassant plus de nations, et par conséquent un plus grand nombre de mines, l'approvisionnement annuel en métaux précieux a varié, mais pour l'un en sens inverse de l'autre. Pour l'argent, une diminution s'est manifestée ; pour l'or, au contraire, on est passé du simple au double.

Cet état de choses durera-t-il ? A cette question, tout ce qu'on peut répondre se borne à indiquer des probabilités. Mais la question est complexe. Le rapport qui se présente depuis quelques années, et qui diffère beaucoup de celui qui s'offrait antérieurement, peut se modifier de diverses façons, et peut bien aussi persévérer sous l'influence combinée de diverses causes. La production générale de l'or peut rester supérieure à celle qui avait lieu autrefois, celle de l'argent restant la même. Mais la production de l'argent peut varier aussi ; il

---

[1] *Mines d'or et d'argent*, p. 112.
[2] C'est la proportion qui correspond à un approvisionnement annuel de 32,950 kilog. d'or contre 900,000 d'argent; mais alors ce qui était réellement versé sur le marché général était, ainsi que nous l'avons dit, fort au-dessous de la production générale évaluée à 32,950 kilog.

est possible qu'elle augmente tout autant que celle de l'or. Pour cela il suffirait que, la richesse des mines restant d'ailleurs la même, une plus forte dose de science, d'activité et de capitaux y fût appliquée, et que les pays qui recèlent les mines les plus importantes fussent placés dans des circonstances plus favorables à la civilisation et aux arts. Cela posé, il est probable que les alluvions aurifères de la Russie continueront pendant longtemps à offrir la même abondance [1] de métal; il est probable que l'exploitation en demeurera aussi facile et qu'elle se perfectionnera encore dans ses moyens mécaniques. La même prévision est fondée à l'égard de la Nouvelle-Grenade. En d'autres termes, quant à l'or, la probabilité est que le principal foyer de production et quelques-uns des foyers secondaires continueront d'en fournir autant qu'aujourd'hui et même iront en croissant; et, pour les autres, rien ne fait présager que la production doive baisser.

A l'égard de l'argent, la probabilité est dans le même sens. Le champ de la production de l'argent est plus illimité encore dans la chaîne des Andes que celui de l'or dans l'Oural et l'Altaï. L'introduction de procédés perfectionnés en place de méthodes d'exploitation qui sont barbares, y est devenue très-probable depuis peu de temps. Les Américains du Nord sont les maîtres du Mexique, qui est le pays des principales mines d'argent, et ils y demeureront très-influents, quelle que soit l'issue de la guerre actuelle. Ils y apporteront les arts de la civilisation que le Mexique ignore aujourd'hui et dont l'absence enchérit beaucoup la production de l'argent et ne la borne pas moins.

Si ces effets probables se manifestent réellement pour l'or et pour l'argent, ces deux métaux, après un certain nombre d'années, éprouveront une baisse de valeur vénale en comparaison des autres produits de l'industrie humaine. Cette baisse de valeur relative pourra être la même pour les deux métaux, mais aussi bien elle pourra être inégale. Dans le premier cas, le rapport de valeur des deux métaux précieux resterait sensiblement le même qu'aujourd'hui. Un kilogramme d'or continuerait de s'échanger contre quinze et demi kilogrammes d'argent environ. Dans l'autre cas, l'or monterait ou descendrait relativement à l'argent, selon que ce serait l'argent ou l'or qui aurait éprouvé dans le montant de ses frais de production la diminution proportionnelle la plus forte.

La baisse de l'or ou de l'argent, par rapport aux autres marchandises, causerait la hausse de prix de celles-ci, parce que le prix d'une chose est l'expression de la quantité d'or ou d'argent qui s'échange contre cette chose. Cette dépréciation de l'or et de l'argent tendrait à faire cesser l'exploitation des mines les moins avantageuses, et cette suspension des travaux sur un certain nombre de

---

[1] Il serait matériellement plus exact de dire rareté, car ces alluvions contiennent moins d'un cent-millième d'or.

mines, en restreignant l'offre, tendrait elle-même à maintenir la valeur de l'or et de l'argent; mais il est à croire qu'elle n'y réussirait point, parce que le surplus de production des mines les plus favorisées ferait bien plus que balancer l'abandon des mines les moins profitables. Ces dernières elles-mêmes lutteraient longtemps en améliorant leurs procédés. Lors de la mise en exploitation des mines d'Amérique, l'or et l'argent baissèrent dans une proportion énorme. Cette baisse n'empêcha pas la production d'augmenter prodigieusement dans son ensemble, et elle ne la fit pas diminuer beaucoup dans la plupart des États de l'Europe.

Telle est donc la perspective qui s'ouvre devant nous : l'accroissement de l'extraction de l'or et de l'argent, et la continuité de cet accroissement, ce qui suppose nécessairement la diminution des frais de production, et par conséquent la dépréciation des deux métaux par rapport aux autres marchandises. A cause du rôle que jouent l'or et l'argent dans toutes les transactions des hommes, dans les conventions des Etats vis-à-vis des individus, vis-à-vis des rentiers, par exemple, tout changement considérable dans la valeur de l'or et de l'argent est un événement politique et social, une sorte de révolution. Il reste à savoir quelle serait l'étendue du changement, et dans quel délai il peut s'accomplir. Sur ces deux points, on est réduit à des conjectures, et chacun peut conjecturer à perte de vue sans pouvoir donner à l'appui de ses inductions aucune bonne preuve. Je ne me jetterai pas dans cette voie; je ferai remarquer seulement qu'il y a une forte raison pour que le phénomène s'opère avec lenteur. La quantité d'or et d'argent qui est maintenant répandue dans la civilisation est énorme en comparaison de ce qui est lancé chaque jour dans le courant ou semble pouvoir l'être. Il en était tout autrement à l'époque où fut découverte l'Amérique; c'est pourquoi alors la métamorphose fut subite. De nos jours, si elle a lieu, ainsi qu'on est autorisé à le prévoir, elle doit procéder par degrés peu sensibles, à moins qu'on ne tombât sur des gîtes d'une abondance et d'une grandeur inconnues jusqu'à nous, ce qui n'est pas probable.

Je me tais, maintenant, pour laisser parler M. de Humboldt. Voici son Mémoire, qui a été traduit avec beaucoup de soin par un de mes élèves les plus assidus et les plus intelligents, M. Michel Rempp.

MICHEL CHEVALIER.

MÉMOIRE DE M. DE HUMBOLDT [1].

Suivant une assertion du vieil Hérodote (III, 106), les plus belles productions sont échues en partage aux extrémités de la terre, dans l'inégale distribution des biens et des trésors du sol. Cette assertion

---

[1] Les notes placées ici au bas des pages font partie de la publication de M. de Humboldt lui-même.

n'était pas fondée seulement sur ce sentiment triste et particulier à l'humanité, que le bonheur réside loin de nous ; elle exprimait aussi ce fait naturel, que les Hellènes, habitant la zone tempérée, recevaient, par leur commerce avec les peuples, l'or et les épices, l'ambre et l'étain de contrées lointaines et reculées. A mesure que le commerce des Phéniciens, celui des Edomites sur le golfe d'Acaba, celui de l'Egypte sous les Ptolémée et les Romains, soulevèrent insensiblement le voile qui si longtemps avait couvert les côtes de l'Asie méridionale, on commença à recevoir de première main les productions de la zone torride, et l'imagination vive et mobile des hommes ne cessa de reculer de plus en plus vers l'Orient le gîte des trésors métalliques de la terre. Par deux fois, à l'époque, si importante pour le commerce, des Lagides et des Césars, aussi bien qu'à la fin du quinzième siècle, au temps des découvertes portugaises, le même peuple, les Arabes, a montré à l'Occident le chemin de l'Inde. A partir de ce moment, Ophir (l'el-Dorado de Salomon) fut reculé jusqu'à l'est du Gange. C'est là qu'on se figurait Chryse, qui occupa longtemps les voyageurs du moyen âge, et qu'on regardait tantôt comme une île, tantôt comme une partie de la Chersonèse d'Or. La grande quantité d'or que Bornéo et Sumatra mettent encore aujourd'hui en circulation, d'après John Crawfurd, explique l'antique célébrité de ce pays. Tout auprès de Chryse, pays de l'or, le but des navigateurs qui partaient pour l'Inde, devait se trouver, par une relation nécessaire et par une sorte de symétrie, d'après les idées d'une géographie systématique, un pays d'argent, une île, Argyre, comme pour réunir les deux métaux précieux (les richesses d'Ophir et celles du Tartenus ibérien). Les mythes géographiques de l'antiquité classique se reflètent, mais avec diverses altérations, dans la géographie du moyen âge. Dans la géographie des Arabes Edrisi et Bavini, nous retrouvons, à l'extrémité de la mer des Indes, une île, Sahabet, au sable d'or, et à côté Saila (qu'il ne faut pas confondre avec Ceylan ou Serendib), où les chiens et les singes portent des colliers d'or.

A l'idée d'une grande distance se joignait, comme signe caractéristique de la véritable patrie de l'or et de tous les produits précieux de la terre, une autre idée, celle de la chaleur des tropiques. « Tant que Votre Excellence ne trouvera pas des hommes noirs, écrivait, en 1495, un lapidaire catalan, Mosson Jaime Ferrer, à l'amiral Christophe Colomb, elle ne peut attendre de grandes choses ni de véritables trésors, comme les épices, les diamants et l'or. » Cette lettre a été trouvée récemment dans un livre imprimé à Barcelone en 1845, et qui porte ce titre singulier : *Sentencias catholicas del divi poeta Dant*. La richesse des mines d'or de l'Oural, qui s'étendent dans le bassin septentrional du Volga jusqu'à l'endroit où le sol dégèle à peine pendant les mois d'été, les diamants qui ont été découverts par deux de mes compagnons, près du 60e degré de latitude, sur le penchant européen de l'Oural, pendant l'expédition que j'ai faite, l'an 1829, par ordre de l'empereur Nicolas [1], ne viennent pas précisément à l'appui de l'hypothèse qui établit une connexion entre l'existence de l'or et des diamants, d'un côté, et la chaleur des tropiques et les hommes de couleur de l'autre. Christophe Colomb, qui attribue une valeur morale et religieuse à l'or, « parce que, dit-il, celui qui le possède arrive à tout dans ce monde, même (sans doute en payant des messes) à ouvrir le paradis à beaucoup d'âmes [2], » Christophe Colomb, disons-nous, était tout à fait partisan du système du lapidaire Ferrer. Il chercha Zipangou (le Japon), que l'on faisait passer pour l'île d'or Chryse; et quand, le 14 novembre 1492, il longea les côtes de Cuba, qu'il considérait comme une partie du continent de l'Asie orientale (Cathay), il écrivit dans son journal : « A en juger par la grande chaleur que je souffre, il faut que le pays soit riche en or. » C'est ainsi que de fausses analogies firent oublier ce que l'antiquité classique avait raconté des trésors métalliques des Massagètes et des Arimaspes, à l'extrême nord de l'Europe ; je dis *de l'Europe* [3], car le pays plat et désert de l'Asie septentrionale, la Sibérie d'aujourd'hui, passait, avec ses forêts de sapin, pour être la monotone continuation du pays plat de la Belgique, de la Baltique et de la Sarmatie.

En embrassant d'un coup d'œil l'histoire des relations commerciales de l'Europe, nous voyons que l'antiquité cherche en Asie les sources les plus riches de l'or, tandis que le moyen âge et les trois siècles postérieurs les placent dans le nouveau Continent. Mais actuellement, et depuis le commencement du dix-neuvième siècle, c'est encore une fois en Asie, mais dans des zones différentes, que jaillissent les sources d'or les plus riches. Ce changement dans la direction du courant, cette compensation que les découvertes accidentelles offrent dans le nord, quand, au sud, l'exploitation de l'or semble subitement tarir, appellent un examen sérieux et approfondi fondé sur des données numériques; car en économie politique, aussi bien que dans l'étude des phénomènes de la nature, les nombres sont toujours l'élément le plus décisif ; ils sont les derniers juges, les juges inflexibles des problèmes si diversement résolus de l'économie politique.

Nous apprenons par les recherches profondes de Boekh [4] comment, lorsque les guerres persiques et l'expédition d'Alexandre le Grand dans l'Inde détruisirent les barrières qui fermaient l'Orient, l'or s'accumula

---

[1] *Reise nach dem Ural, dem Altaï und dem kaspischen Meere* von A. V. Humboldt G. Rose et G. Ehsenberg, t. I, p. 352-373.
[2] *El oro*, écrit Colomb à la reine Isabelle, *es excellentissimo, con el se hace tesoro y con le tesoro quien lo tiene, hace quanto quiere en el mundo y llega a que hecha lar animas u paraiso.* Voyez sur cet éloge de l'or mon *Examen critique de l'histoire de la géographie et des progrès de l'astronomie nautique aux quinzième et seizième siècles* (in-folio, p. 98 et 131).
[3] Herod. III, 116.
[4] *Économie politique des Athéniens*, vol. I, p. 6-31.

peu à peu chez les Hellènes européens ; comment, au temps de Démosthènes, par exemple, les métaux précieux valaient presque cinq fois moins qu'au temps de Solon. Le courant se dirigeait alors d'orient en occident, et l'affluence de l'or fut si grande que, tandis qu'au temps d'Hérodote le rapport de l'or à l'argent était comme 1 : 13, il fut, à la mort d'Alexandre et cent ans encore après, comme 1 : 10 [1].

Moins les relations commerciales étaient générales dans l'ancien monde, plus les variations que subissait la valeur relative de l'or et de l'argent devaient être grandes et subites. Ainsi, à Rome, nous trouvons que par suite d'une accumulation locale de l'un des métaux précieux, peu de temps après la conquête de Syracuse, le rapport de l'or à l'argent fut comme 1 : 17 1/7 ; tandis que, sous Jules César, il tomba pour quelque temps jusqu'à 1 : 8 13/14. Plus la quantité d'un métal qui existe dans un pays est faible, plus il est facile d'y produire d'énormes fluctuations par une importation du dehors. Le monde actuel, par l'universalité et la promptitude des relations, qui rendent partout le niveau uniforme, par la grandeur des masses d'or et d'argent déjà existantes, tend à établir la stabilité dans la valeur relative des deux métaux. Après les guerres de l'Indépendance, la production métallique, dans l'Amérique espagnole, resta pendant quelques années au tiers de ce qu'elle était en moyenne auparavant, et pourtant ce n'est point à cette cause que l'on peut attribuer les faibles oscillations que l'on remarque çà et là. Il en est tout autrement du rapport de l'argent à un autre métal qui n'a été encore extrait qu'en faible quantité et qui, en outre, est fort inégalement réparti ; nous voulons parler du platine.

Nous ne trouvons chez les anciens aucune donnée statistique indiquant quelque résultat général qu'on puisse comparer à ce que nous savons de la production métallique actuelle de pays tout entiers. L'administration politique n'offrait point les contrôles que le système douanier compliqué et raffiné des Arabes, peuple commerçant qui calculait tout, qui enregistrait tout sous forme de tableaux, communiqua dans des siècles postérieurs aux Etats de l'Europe méridionale et occidentale. L'assertion de Pline (XII, 18), suivant laquelle le commerce avec l'Inde, la Sérique et l'Yémen, tirait chaque année de l'empire romain cent millions de sesterces en métaux précieux, c'est-à-dire d'après Letronne, en les estimant suivant la valeur de l'argent à cette époque, un poids de 33,000 marcs d'argent (la moitié seulement de ce que produit annuellement l'exploitation des mines d'argent de la Saxe) ; cette assertion est isolée et problématique.

Quand les résultats généraux manquent, il serait important de posséder des exemples numériques de la richesse monétaire partielle de

---

[1] Voyez la savante rectification des hypothèses monétaires de Garnier, par Letronne: *Considérations générales sur l'évaluation des monnaies grecques et romaines*, 1817, p. 112.

certains pays de mines, que nous pourrions comparer avec le rendement actuel de régions célèbres par leurs mines, poids à poids dans le sens absolu, sans considérer l'or comme la mesure de la valeur d'une quantité déterminée de céréales. Des trésors que laisse un souverain comme fruits d'une conquête, ou de longues exactions, ne témoignent que de ce qui s'est trouvé accumulé dans d'immenses étendues de pays après une suite de siècles dont le nombre nous est inconnu. Des résultats de cette espèce sont comparables aux données que nos statisticiens hasardent sur la masse de métaux précieux qui se trouvent dans un Etat à une certaine époque. Quand Cyrus, au rapport de Pline (XXXIII, 15), rassembla, par suite de la conquête de l'Asie, 34,000 livres d'or, sans compter celui qui avait été converti en vases, cette quantité égale pourtant à peine les fruits d'une exploitation de deux ans des mines de l'Oural. D'un autre côté, Appien, s'appuyant sur des documents, estime le trésor de Ptolémée Philadelphe à 740,000 talents, c'est-à-dire à 1,017 millions de thalers, s'il s'agit de talents égyptiens, ou 254 millions, s'il s'agit de petits talents de Ptolémée. «Cette assertion paraît fabuleuse, dit le célèbre auteur de l'*Economie politique des Athéniens*, mais je n'ose point mettre en doute la véracité de l'historien. Dans ce trésor se trouvait une grande quantité d'or et d'argent travaillé. Les Etats de ce prince étaient entièrement épuisés ; des impôts et des tributs étaient extorqués à main armée par d'avides fermiers généraux. Les revenus seuls de la Cœlé-Syrie, de la Phénicie, de la Judée et de la Samarie, furent affermés par Ptolémée Evergète pour une somme de 8,000 talents, et un Juif les acheta le double.» M. William Jacob, dans un excellent ouvrage publié à la demande du ministre d'Etat Huskisson, sous le titre de : *Historical inquiry on Precious metals*[1], corrobore les assertions du grand philosophe allemand. La plus haute des deux évaluations se rapprocherait de la quantité d'argent monnayé actuellement en circulation en France et en Belgique ; la seconde équivaudrait à peu près à l'argent monnayé qui circule en Angleterre [2].

Suivant Strabon (XV, 731), Alexandre serait parvenu à réunir à Ecbatane 380,000 talents [3]. Il ne faut pas oublier que, tandis qu'au-

---

[1] *Historical inquiry on precious metals*, t. I, p. 23.
[2] D'après les recherches de M. Michel Chevalier (*Lettres sur l'Amérique du Nord*, t. I, p. 394), la monnaie en circulation en France est évaluée à 3,000 millions ; en Angleterre à 1,000 millions de francs. Necker déjà porte la circulation de la France à 2,200 millions de francs ; Adam Smith, celle de la Grande-Bretagne à 30 millions de livres sterling seulement. Dans les Etats prussiens, il n'y aurait en circulation, d'après Hoffmann, que de 90 à 120 millions de thalers. L'argent frappé en Prusse, de 1764 à 1836, en toute espèce de monnaie, y compris les espèces de un quinzième de thaler, s'élève, en retranchant ce qui a été retiré pendant cet espace de temps, par l'administration des monnaies elle-même, à 182,856,030 thalers (*Die Lehre vom Gelde*, 1838, p. 171). Le rapprochement d'aussi grandes sommes peut seul jeter quelque lumière sur les données qui nous sont parvenues de l'antiquité.
[3] Le trésor laissé par Cyrus était presque trois fois aussi considérable. Pline. (XXX, 3)

jourd'hui les métaux précieux sont répartis plus également dans de grandes étendues de pays et parmi de nombreuses populations, ils étaient alors concentrés sur un petit nombre de points de la terre et dans les trésors des souverains.

Il n'est pas douteux que la grande quantité d'or qui refluait vers l'Occident ne vînt de l'Asie intérieure, du nord-nord-est de Ladakh, de la partie supérieure du bassin de l'Oxus [1] (entre l'Hindou-Khou et les hauteurs de Pamez, sur le versant occidental du Bolor), de la Bactriane et des satrapies orientales de l'empire perse; mais il est plus facile de déterminer la direction du courant aurifère que la situation particulière des différentes sources et leur richesse relative. Le lieu où naquit le mythe des fourmis qui cherchent de l'or, répandu chez les montagnards de Derden, devait être loin des Griffons des Arimaspes. Ce mythe semble appartenir au plateau de Kaschgar et d'Askou, entre les chaînes parallèles des montagnes Célestes et du Kouenloun, où la rivière Tarim se jette dans le Lop. Nous reviendrons plus bas sur les Arimaspes, habitant beaucoup plus au nord, en parlant des grandes masses d'or qui se trouvent dans l'Oural immédiatement sous le gazon. Le bruit de la richesse de l'Inde retentit jusque dans la Perse, pour y être souvent, il est vrai, mal interprété. *Ctésias*[2], de la race des Asclépiades, médecin particulier du roi Artaxerxès Mnémon, décrit, presque sans en avoir lui-même la conscience, sous l'image d'une source d'or, un fourneau d'où le métal devenu fluide s'écoule dans des vases (des formes en argile). Plus près des Grecs se trouvaient la Lydie près des rivières qui sortent du Tmolus, la Phrygie et la Colchide, pays riches en or. La nature des couches de sable aurifère si facile à épuiser, fait comprendre au mineur expérimenté comment il se fait que quelques-uns de ces pays, quand ils ont été visités derechef, ont paru dépourvus d'or aux voyageurs qui les exploraient. Si aujourd'hui l'on visitait les ravins et les vallées des îles de Cuba et de Saint-Domingue, ou bien même la côte de Veragua, combien, sans les témoignages historiques que nous possédons, l'on serait facilement induit à douter de la richesse de l'exploitation de ces mêmes pays à la fin du quinzième siècle! L'exploitation souterraine proprement dite s'exerçant sur des filons aurifères dure plus longtemps, quand aucune circonstance extérieure ne vient la troubler. Précisément parce qu'on ne connaît pas de prime abord le gisement

---

l'évalue à 500,000 talents en or et en argent. Que ce trésor ait été considérablement diminué après la mort de Cyrus, Sainte-Croix (*Examen critique des historiens d'Alexandre*, p. 420) conclut de ce fait que tous les métaux précieux que le Macédonien recueillit en Perse ne s'élevèrent qu'à 330,000 talents. Sur la concentration presque sans exemple des métaux précieux en Italie sous les Césars, voyez Letronne, *Évaluation des monnaies grecques et romaines*, p. 121.

[1] Burnes, *Travels in to Bokhara*, t. II, p. 265.
[2] *Oper. reliqu.*, ed. Bachr. Ind. cap. IV, p. 218 et 271.

entier, puisque la mine ne se découvre qu'au fur et à mesure de l'exploitation, un plus durable aliment s'offre à l'activité humaine. Des bancs d'alluvion contenant de l'or sont au contraire promptement fouillés et dépouillés des richesses qu'ils contiennent. Combien peu des quarante sites où l'or s'obtenait par lavage, si soigneusement décrits par Strabon, peuvent encore être reconnus aujourd'hui! Cette observation, fondée sur des analogies positives et sur les enseignements de la science des mines, devait trouver place ici, avec d'autant plus de raison, qu'un vain scepticisme se plaît davantage à ébranler les traditions de l'antiquité.

La partie de l'Europe connue des Hellènes était, sous le rapport de la richesse métallique, tout autant en arrière comparativement à l'Asie, que, plus tard, l'Europe tout entière le fut vis-à-vis du Nouveau-Monde. Ce dernier rapport [1], à savoir la puissance de production relative de l'Europe et de l'Amérique, était, au commencement du dix-neuvième siècle, alors que les mines des colonies espagnoles étaient exploitées avec la plus grande activité à laquelle elles soient jamais parvenues, pour l'or comme 1 : 13, pour l'argent comme 1 : 15. Je présume même que, dans la période d'Alexandre et des Ptolémée, le rapport se serait trouvé, surtout relativement à l'exploitation de l'or, encore plus défavorable du côté de l'Europe, si l'on pouvait se procurer des données statistiques à cet égard. La Grèce elle-même, il est vrai, à côté des mines d'argent d'abord très-productives de Laurium, possédait une source d'or assez considérable dans les mines de la Thessalie, dans les monts Pangées, près de la frontière de Macédoine et de Thrace, et dans celles des premiers établissements [2] des Phéniciens, situés vis-à-vis l'île de Thasos. L'Ibérie ne fut pas non plus un pays d'argent seulement pour les Phéniciens et les Carthaginois. Tartessus et Ophir (ce dernier pays étant ou l'Arabie [3], ou la côte orientale de l'Afrique, ou bien même, comme le veut Heeren, une dénomination générale pour désigner d'une manière indéterminée des pays riches du sud), Tartessus et Ophir étaient le double but de la flotte réunie de Salomon et de Hiram. Quoiqu'au milieu de toute la richesse métallique de l'Espagne, l'argent de la Bétique et du district de Carthagène, ville fondée par Amilcar Barca, soit demeurée longtemps l'objet principal du commerce extérieur, il y avait néanmoins maintes années où la Gallice, la Lusitanie, et surtout l'Asturie,

---

[1] Les fondements de cette évaluation sont contenus dans le onzième chapitre de mon *Essai politique sur le royaume de la Nouvelle-Espagne*, t. III, p. 400. L'exploitation relative de l'or était alors 1,300 kil. et 17,300 kil. L'exploitation relative en argent était 52,700 kil. et 705,600 kil.

[2] Otfr. Muller, *Histoire des tribus helléniques*, t. I, p. 115. *Mine de l'or près de Skapte Hyle*. (Boekh, *Corp. inscript.*, t. I, p. 219.)

[3] Voyez, sur un sujet si souvent traité, un écrit rédigé avec une critique philologique remarquable du docteur Keil, à Dorpat : *De la navigation vers Ophir et Tarsis* 1834, p. 61, 70.

fournissaient 20,000 livres d'or [1], c'est-à-dire presque autant que le Brésil à l'époque la plus florissante de son exploitation. Rien d'étonnant, par conséquent, si la péninsule ibérique, visitée de bonne heure, acquit par les Phéniciens et les Carthaginois la réputation d'un El-Dorado occidental. Il est hors de doute qu'en beaucoup d'endroits, qui ne montrent plus aujourd'hui que de faibles traces métalliques, le sol primitif était autrefois tout près de la surface couvert de couches de sable aurifère ou parsemé de débris de mine d'or renfermés dans un minerai solide et massif. L'importance locale de ces mines de l'Europe méridionale est incontestable; mais, comparativement à l'Asie, leur production métallique était faible. Cette dernière partie du monde resta longtemps la source principale des métaux précieux, et la direction [2] du courant qui apportait l'or en Europe ne pouvait être que de l'est à l'ouest.

Mais l'Asie elle-même, c'est-à-dire le bruit répandu au moyen âge par des voyageurs de l'existence d'immenses trésors au Zipangou (Japon) et dans l'archipel méridional, produisit un changement subit dans la direction de ce courant métallique. L'Amérique fut découverte, non, comme on l'a dit à tort si longtemps, parce que Colomb aurait pressenti l'existence d'un autre continent, mais parce qu'il cherchait par l'occident un chemin plus court vers le Zipangou, si riche en or, et vers les pays d'épices au sud-est de l'Asie. La plus grande erreur géographique (à savoir l'idée de la proximité de l'Espagne et de l'Inde) conduisit à la plus grande découverte en géographie. Christophe Colomb et Améric Vespuce sont tous les deux morts avec la ferme conviction d'avoir touché l'Asie orientale (l'Inde des bords du Gange, la péninsule où se trouve Cattigara); c'est pourquoi il ne pouvait s'élever entre eux aucune contestation pour la gloire de la découverte d'un nouveau continent.

A Cuba, Colomb voulut délivrer au grand khan des Mongols les lettres de son souverain. Il se croit dans le Mangi, la partie méridionale du Cathay (Chine): il cherche Quinsay, la ville céleste décrite par Marco-Polo, aujourd'hui Hang-tchen-Fou. « L'île Espanola (Haïti), écrit Colomb au pape Alexandre VI [3], c'est Tarsis, Ophir et

---

[1] Boeckh, *Economie politique*, t. I, p. 15. Le port de Carthage même renferme du sable d'or que rejette la mer Méditerranée, entre le fleuve Miliana et le cap Sidi-Bou-Saïd. Les habitants, qui sont pauvres, mettent encore aujourd'hui ce sable d'or à profit. Dureau de la Malle, *Recherches sur la topographie de Carthage*, 1835, p 251.

[2] Letronne, p. 105 et 123.

[3] Lettre du mois de février 1502, tirée des archives du *duc de Varaguas*. Le troisième voyage, dans lequel le continent méridional de l'Amérique fut découvert le 1er août 1498 (treize mois après la découverte du continent septentrional, par *Sébastien Cabal*), et le quatrième voyage, qui donna les premiers renseignements sur une côte occidentale du nouveau pays, ne firent que confirmer le vieil amiral dans son opinion qu'il avait préconçue. Ce n'est point par confusion d'idées que, dans sa lettre au pape et conformément à l'inclination qu'il avait à montrer une certaine érudition biblique, il représente les noms Tarsis, Ophir et Zipangon, comme synonymes de Santo-Domingo; mais cela tient

le Zipangou. Dans mon second voyage j'ai découvert 1,400 îles et un terrain de 333 milles dépendant du continent de l'Asie (*de la tierra firme de Asia*). » Ce Zipangou indo-occidental produisait des galets aurifères (*pepitas de oro*) pesant 8, 10 et jusqu'à 20 livres.

L'Amérique, nouvellement découverte, devint, à partir de ce moment, la source principale des métaux précieux. Le nouveau courant se dirigea d'occident en orient ; bien plus, il traversa l'Europe, parce que, par suite du développement du commerce, depuis que les navigateurs avaient fait le tour de l'Afrique, il fallut donner à l'Asie méridionale et orientale un équivalent plus considérable en échange des épices, de la soie et des matières colorantes.

L'Amérique, avant la découverte des mines d'argent de Tasco sur le penchant occidental des Cordillères mexicaines (1522), ne fournissant que de l'or, la reine Isabelle de Castille se voit déjà obligée, en 1497, de modifier considérablement le rapport légal des deux métaux précieux. L'édit monétaire de Medina [1], dont la date est si reculée, et auquel jusqu'à présent on attachait si peu d'importance, ne peut s'expliquer que par cette circonstance et par l'accumulation de l'or sur un petit nombre de points en Europe. J'ai cherché ailleurs à démontrer que, depuis 1492 jusqu'en 1500, toute la quantité d'or tirée des parties du Nouveau-Monde alors découvertes, s'élevait à peine, dans les années moyennes, à 2,000 marcs. Le pape Alexandre VI, qui s'imaginait avoir donné une moitié de la terre aux Espagnols, reçut en retour, en présent de Ferdinand le Catholique, de petits galets d'or provenant d'Haïti, « comme les prémices des fruits du pays nouvellement découvert », pour dorer le magnifique dôme (*soffitto*) de la basilique de Santa Maria Maggiore. Une inscription fait mention du métal, *quod primo catholici reges ex India receperant*. Si grande était alors l'activité du gouvernement espagnol, que déjà, en 1495, comme l'a montré l'historien Munoz, un mineur, Pablo Belvis, fut envoyé à Haïti avec une provision de mercure pour accélérer le lavage de l'or par l'amalgame. Ce qui est très-frappant, c'est qu'on lit, dans une partie récemment découverte et publiée il y a peu de temps, de la Géographie du shérif Edrisi [2], « que les nè-

---

comme on le voit par d'autres écrits de Colomb, à des idées systématiques. Il considérait, non pas précisément l'Inde, mais bien le Japon (Zipangou) pour l'Ophir de Salomon, qu'il nomme aussi quelquefois *Sopora* (d'après les formules employées par Joseph de Sophelra et Saphera). Il regardait Tarsis (Tarschich) non comme le Tartessus ibérique, mais, à la suite des septante et de beaucoup de théologiens du moyen âge, comme un nom commun. La navigation de Salomon n'était pas à ses yeux une navigation double ayant pour point de départ la mer Rouge et la Méditerranée. Elle n'avait d'autre point de départ que l'Aziongaber. Colomb connaissait le Quinsay par une lettre de Toscanelli et non par Marco-Polo, qu'il ne nomme jamais, quoique le contraire ait été soutenu jusqu'ici.

[1] *Memorias de la Real Acad. de la Historia*, t. VI, p. 525. L'édit de Médine changea l'ancien rapport légal 1 : 10 7/10.

[2] Voyez la traduction française d'Amédée Jaubert (Paris, 1836), t. I, p. 42 et 67. Les

gres de l'intérieur de l'Afrique occidentale, aussi bien que les habitants de la terre basse et fertile appelée Wadi el Alaki (entre l'Abyssinie, Badja et la Nubie), extrayaient le sable d'or à l'aide du mercure. Le géographe nubien parle, au milieu du douzième siècle, de ce mode d'extraction, comme d'une chose connue depuis longtemps. Cette connaissance se serait-elle communiquée de l'Orient, à travers l'Egypte, au pays *noir* (Chemi), adonné à l'art de la décomposition, à l'Afrique ? L'antiquité grecque et romaine fait bien mention d'un emploi très-fréquent du mercure pour enlever l'or attaché aux fils de vieux galons, mais jamais elle ne parle d'un emploi technique en grand du mercure dans les descriptions détaillées qu'elle nous donne si souvent du lavage de l'or.

C'est plutôt la découverte de sources nouvelles et abondantes que la disparition des anciennes, qui a modifié le rapport de la valeur de l'or et de l'argent à un moment donné. C'est à cette raison, et postérieurement à la découverte des grandes Antilles, qu'il faut attribuer l'élévation nouvelle du prix de l'or vers le milieu du seizième siècle, lorsque les riches mines d'argent de Potosi et de Zacatecas furent ouvertes dans le Pérou et dans le nord du Mexique. Il résulte de recherches que j'ai faites avec soin, que l'importation de l'or américain fut, quant au poids, à celle de l'argent dans le rapport de 1 : 65, jusqu'aux premières années du dix-huitième siècle, où commença le lavage de l'or au Brésil. Au moment actuel, si l'on embrasse d'un coup d'œil l'ensemble du commerce métallique de l'Europe, ce rapport n'est pas plus élevé que celui de 1 à 47 ; c'est du moins le résultat que fournit la comparaison [1] des quantités des deux métaux qui se trouvent simultanément en Europe à l'état monnayé. Les données que donne l'ouvrage, en d'autres points si excellent d'Adam Smith, sont d'une grande inexactitude ; bien plus, quant au rapport dont nous venons de parler, elles sont fausses pour plus d'une moitié. Dans le commerce, la valeur relative de l'or et de l'argent en Europe parmi les peuples civilisés et qui se trouvent en relation immédiate les uns avec les autres, oscilla, dans les cent premières années qui s'écoulèrent depuis la découverte du nouveau continent, entre 1 : 10 7/10 et 1 : 12 ; et, dans les deux derniers siècles, entre 1 : 14 et 1 : 16. Cette fluctuation est loin de dépendre uniquement des quantités relatives des deux métaux, qui sont extraites annuellement du sein de la terre. Le rapport de la valeur des deux métaux se trouve bien vite modifié par les frais d'exploitation, par la demande ou les besoins des consomma-

---

deux pages manquent dans le manuscrit qui servit de base à la traduction latine de *Sionita*.

[1] Voyez mon Essai politique, t. III, p. 400, 436, 448 et 463. Jacob, *Prec. metals*, t. II, p. 187. Le résultat trouvé par moi a été éclairci avec une pénétration profonde par Say (*Traité d'économie politique*, t. II, 4, 3, chap. 10), au moyen d'analogies tirées du commerce des marchandises.

teurs, par le frai plus ou moins grand, par l'emploi des métaux à la confection de vases ou d'autres marchandises métalliques. L'action simultanée de tant d'éléments, jointe à la facilité avec laquelle les métaux se meuvent au milieu du commerce si général et si rapide du monde, et à l'immense quantité de métaux accumulée en Europe, empêche aujourd'hui qu'une oscillation partielle, dans la valeur relative de l'or et de l'argent, puisse être très-grande ou durer longtemps. C'est ce dont on a pu se convaincre à chaque interruption soudaine dans la production, comme, par exemple, lors de la révolution dans l'Amérique espagnole ; ou bien dans le cas de l'emploi excessif de l'un des métaux précieux pour les besoins dun hôtel de monnaies en grande activité. Pendant les dix années qui s'écoulèrent de 1817 à 1827, il a été converti en monnaie, en Angleterre, plus de 1,294,000 marcs d'or, et cet achat d'or n'a pourtant fait monter le rapport de l'or à l'argent, à Londres [1], que de 1 : 14,97 à 1 : 15,60. La valeur d'échange de l'or par rapport à l'argent est, depuis ce temps, peu descendue. On achetait encore, à la fin de l'année 1837, à Londres, une livre d'or pour 16 65/100 livres d'argent. Nous fournirons bientôt des éléments numériques pour la solution d'un problème où l'on se proposerait de déterminer quelles modifications il faudrait attendre de l'action graduelle et simultanée de l'exploitation des mines récentes de l'Oural et de celles de l'Amérique septentrionale.

La masse de métaux précieux qui est arrivée en Europe depuis la découverte de l'Amérique jusqu'au commencement de la révolution mexicaine, monte pour l'or à 10,400,000 marcs de Castille (2,381,600 kilogrammes), pour l'argent à 533,700,000 marcs ou 122,217,300 kilogrammes, et ensemble à une valeur de 5,940 millions de piastres. L'argent tiré, dans cet intervalle, du sol américain, est, d'après cette évaluation, calculé selon la valeur intrinsèque de la piastre, c'est-à-dire au taux de 0,903 ; c'est pourquoi ces 122,217,300 kilogr. d'argent piastre ne font que 110,362,222 kilogr. d'argent fin. Ils formeraient *une sphère d'argent fin* qui aurait 83 7/10 *pieds de Paris* [2]. Une telle réduction, quant à la forme et à la grandeur, est aussi admissible que d'autres évaluations figuratives analogues. Quand on compare le résultat de la production en argent de

---

[1] Voyez le nouvel et excellent ouvrage de J.-G. Hoffmann, intitulé : *Lehre vom Gelde* (Science monétaire), 1838, p. 7.

[2] Cette sphère représente la masse d'argent fin qui est venue d'Amérique en Europe dans l'espace de 318 ans, de 1492 à 1809. Le marc de Castille vaut 0,229 kil. La pesanteur spécifique de l'argent = 10,474. Des deux évaluations sphériques analogues que contient la deuxième édition de mon *Essai politique sur le royaume de la Nouvelle-Espagne* (t. III, p. 418 et 459), mais qui n'expriment que la masse d'argent de l'époque qui s'est écoulée de 1492 à 1830, en argent du titre fin de la piastre et en argent pur, la première est exacte ; dans la seconde il faut lire 26 37/100 au lieu 20 47/100 mètres de diamètre.

l'Amérique espagnole, pendant la période de 318 ans, avec le résultat de la production en fer de quelques États européens pris isolément pendant une année, on obtient, d'après l'estimation de notre ami, M. de Dechen, géognoste distingué, des sphères en fer pur (forgé) pour la Grande-Bretagne, d'un diamètre de 148 pieds de Paris, pour la France de 111, pour la monarchie prussienne de 76; tant est grande la différence des quantités des deux métaux, l'argent et le fer, qui se trouvent dans la partie de l'écorce de la terre où l'homme peut pénétrer[1].

Tandis que le courant de l'or et de l'argent allait de l'occident vers l'orient, il ne fit que passer à travers l'Espagne. Il n'en resta qu'une petite quantité parmi la nation, encore moins dans le trésor des rois. Ferdinand le Catholique (suivant ce qu'écrit peu de jours après la mort du grand monarque, son admirateur et son ami Anghiera) mourut si pauvre, que l'on ne sut comment se procurer l'argent nécessaire pour vêtir convenablement les serviteurs qui devaient accompagner le convoi. Voici ce remarquable passage de sa lettre[2] à l'évêque de Tuy : « Madrigalegium villulam regis tibi alias
« descripsi. Tot regnorum dominus, totque palmarum cumulis or-
« natus, christianæ religionis amplificator et prostrator hostium,
« rex in rusticana obiit casa, et pauper contra hominum opinionem
« obiit. Vix ad funeris pompam et paucis familiaribus præbendas
« vestes pullatas, pecuniæ apud eum, neque alibi congestæ, repertæ
« sunt, quod nemo unquam de vivente judicavit. » Ranke, dans sa dissertation sur les finances espagnoles, a traité des embarras pécuniaires de Charles V[3]. L'ingénieux historien a complété et confirmé par de nouveaux documents les preuves officielles [4] que j'ai données

---

[1] L'évaluation pour la Grande-Bretagne s'applique à la moyenne de la production du fer brut pendant les années 1828-1830 (*M'Culloch*, Dict. of commerce, 1834, p. 736). La somme moyenne est de 617,352 tonnes, ou 12,149,487 quintaux de Prusse. Le diamètre d'une sphère de fer brut pour la production d'une année serait par conséquent de 175 pieds de Prusse, ou de 169 pieds de Paris. Le fer brut fournit, lorsqu'il est converti en barres, 5/7 de son poids. Pour la France, on a admis comme production, pendant l'année 1835 (*Résumé des travaux statistiques*, p. 61) 2,690,636 quintaux métriques de fer brut, = 5,227,005 quintaux de Prusse. Dans les États prussiens, d'après des statistiques officielles, la production en fer brut de l'an 1836 fut de 1,651,598 quintaux.

[2] *Petri Mart. Epist. lib. XXIX*, n° 556 (XXIII, Jan. 1516). Neuf années plus tard, les lavoirs étaient déjà épuisés à Hispaniola. Le sucre et le cuir sont seuls mentionnés comme articles d'exportation. *Tres habemus ab Hispaniola naves* (écrit encore Anghiera) *saccareis panibus et coriis boum onustas* (Epist. n° 806, Cal. Martii 1525). Ce passage est important pour l'histoire du commerce, attendu que la première canne à sucre ne fut plantée à Saint-Domingue qu'en 1520, par *Pedro Atienza*.

[3] Ranke, *Fuersten und Voelker von Sud.-Europa*, t. I, p. 317-355.

[4] *Essai politique*, t. III, p. 361-382, 421-428. L'exploitation des mines ne fournit pas 3 millions de piastres par an jusqu'en 1545. La rançon d'Atahualpa s'éleva, suivant Gomara, à 52,000 marcs d'argent, et le butin (le pillage des temples à Cuzco), d'après Herrera, à une valeur de 25,700 marcs d'argent seulement.

de la faible quantité de métaux précieux que les mines américaines et les prétendus trésors des Incas ont fournie.

Une connaissance plus exacte de l'histoire de la production métallurgique ou de la découverte graduelle de grandes couches métalliques dans le Nouveau-Monde, nous apprend pourquoi la baisse de la valeur des métaux précieux ou (ce qui est la même chose), la hausse des prix du blé et des autres produits indispensables du sol et de l'industrie humaine, se fit sentir le plus vivement vers le milieu du seizième siècle seulement, et surtout de 1570 à 1595. C'est alors seulement que les masses d'argent des mines de Tasco, de Zacatecas et de Pachuca, dans la Nouvelle-F... gne, de Potosi, de Porco et d'Oruro dans la chaîne des Andes pé ...ennes, commencèrent à se répartir d'une manière plus égale dans l'Europe, à influer sur les prix du blé, de la laine brute et des marchandises manufacturées. L'ouverture et l'exploitation véritable des mines de Potosi par les *conquistadores* espagnols date de l'an 1545, et le sermon célèbre que l'évêque Latimer prononça devant le roi Edouard VI [1], et dans lequel il exprima sa colère contre la hausse des prix de tous les objets de première nécessité, date du 17 janvier 1548. Les lois sur les céréales, promulguées en Angleterre de 1554 à 1688, révèlent mieux encore, s'il se peut, que le prix des céréales, recueilli par Fleetwood, Dupré de Saint-Maur, Garnier et Lloyd, l'accumulation des métaux. L'exportation du blé, comme on sait, n'est autorisée que quand le prix d'une certaine mesure atteint un taux déterminé par la loi. Eh bien, cette limite fut, sous la reine Marie, en 1554, 6 schellings par quarter; sous Elisabeth, en 1593, environ 20 schellings, et, en l'an 1604, sous Jacques Ier, de plus de 26 schellings. Ces chiffres sont assurément d'une grande importance, mais leur explication exige une circonspection toute particulière, attendu que le problème des prix des céréales, et même de tous les prix, est un problème très-compliqué, et que la législation de chaque époque se ressent des opinions théoriques très-variables, de l'influence de la noblesse, propriétaire du sol, et même de l'accumulation inégale d'argent et de marchandises sur des points divers. En outre, les changements de température (la chaleur moyenne des mois de printemps et d'été) qui favorisent la culture des céréales ne s'étendent pas en même temps à toute l'Europe agricole. Les progrès mêmes de cette culture, le meilleur emploi des forces productrices de la terre, modifient les prix. L'accroissement considérable de la population et le développement des relations commerciales qui en résulte, augmentent la demande des métaux. Ainsi, à côté de la mesure que l'on cherche et que l'on croit trouver dans les prix variables des céréales, on a encore à tenir compte de deux grandeurs qui peuvent se modifier simultanément. La hausse

---

[1] Jacob, *On precious metals*, t. II, p. 77, 132 et 138.

des prix des céréales n'exprime pas même pour un pays pris isolément l'accroissement proportionnel de la quantité d'or et d'argent, pas plus qu'elle ne nous instruit de l'état général de la température et (d'après l'hypothèse d'un grand astronome) de la quantité des taches du soleil. Nous manquons absolument de données synchroniques qui embrassent une grande partie de l'Europe, et des recherches exactes ont montré que, dans l'Italie supérieure, par exemple, la hausse des prix du froment, du vin et de l'huile a été beaucoup plus faible[1] entre le quinzième et le seizième siècle qu'on n'aurait été en droit de l'attendre d'après ce qui nous est connu de l'Angleterre, de la France, de l'Espagne[2], où les prix des céréales se sont élevés au quadruple et jusqu'au sextuple. Il ne sera pas inutile de mentionner ici un résultat numérique fondé sur les prix moyens pendant une période de quatorze ans dans toute la monarchie prussienne. Ce tableau a été calculé avec le plus grand soin, à ma prière, par le directeur de nôtre bureau de statistique, M. le conseiller intime Hofmann. En l'année 1838, pendant laquelle on achète, à Berlin, pour une livre d'or 15 9/15 livres d'argent pur, 1,611 livres de cuivre et près de 9,700 livres de fer, la livre d'or, d'après des moyennes de 18 16/29 et 18 24/37, vaut également 20,794 livres de froment, 27,655 livres de seigle, 31,717 livres d'orge, et 32,626 livres d'avoine [3].

---

[1] *Gianrinaldo Carli*, oper., t. VII, p. 190. Savigny, *Geschichte des Rechts*, t. III, p. 567. Les renseignements sur les prix des objets dans l'Europe méridionale atteignent très-certainement le quatorzième siècle, puisqu'en 1321, Marino Sanuto présenta au pape Jean XXII l'évaluation des dépenses d'une croisade qui devait détourner tout le commerce de l'Orient. Dans cette estimation des dépenses aussi bien que dans les prix fournis par *Balducci Pegoletti*, le titre en argent des monnaies est susceptible d'être déterminé avec plus de soin qu'il ne l'a été jusqu'ici par ceux qui se sont occupés de la science des marchandises et de l'histoire du commerce.

[2] Elemencin, dans les *Mem. de la Academia real de Historia*, t. VI, p. 553. Les bis (trigo) de Vanega coûtaient en Espagne, de 1406 à 1502, en moyenne, 10 réaux ; de 1793 à 1808, 62 réaux, la monnaie étant réduite au même titre d'argent. Ce résultat concorde avec les recherches de Say sur les prix des céréales en France (*Traité d'Economie politique*, t. I, p. 352). Au temps de la Pucelle d'Orléans, sous Charles VII, l'hectolitre de blé (du poids de 75 kil.) était descendu au prix de 219 grains d'argent. Le prix moyen, peu de temps avant la découverte de l'Amérique, était de 268 grains ; il s'éleva déjà à 333 grains en 1514 ; sous François Ier, à 731 ; sous Henri IV, jusqu'à 1130 grains d'argent. Lavoisier trouvait que de 1610 à 1789 les grains s'étaient élevés dans un rapport de 1130 à 1342 grains. En l'an 1820, un hectolitre coûtait, en France, 1610 grains d'argent, en comptant 9,216 de ces grains dans une livre, ou 0,489 kil. (Voyez aussi Letronne, *Considérations générales sur les monnaies grecques*, p. 118 123.) En remontant le moyen âge, nous trouvons une hausse dans le prix des céréales. Au temps de Valentinien III, en l'an 446, l'hectolitre vaut 344 grains d'argent, et à la fin de la république, du temps de *Cicéron*, jusqu'à 528 grains. Les résultats de Dureau de la Malle donnent des prix encore plus élevés (*Comptes-rendus de l'Instit.*, juillet 1838, p. 81).

[3] Voici les bases de cette importante donnée : au bureau statistique de Berlin, on enregistre, chaque mois, les prix de marché des quatre principales espèces de froment de toutes les parties de la Prusse, et l'on en prend les moyennes pour chacune des provinces, considérée à part. De toutes ces moyennes on tire, à la fin de l'année, des prix moyens pour toute l'année, et de la suite de ces prix moyens on déduit des moyennes

Les craintes qui, à l'apparition de l'ouvrage de Jacob (*On precious metals*), ouvrage de grande valeur et qui n'a pas trouvé en Allemagne l'attention qu'il méritait, s'étaient répandues à cause de la diminution de l'importation des métaux précieux provenant du nouveau continent, ne se sont pas réalisées. La production métallique, tombée si bas de 1809 à 1826, s'est pourtant, malgré l'état de trouble de l'Amérique espagnole, élevée de nouveau aux trois quarts de ce qu'elle était à l'époque où je quittais ces pays. Dans le Mexique, d'après les nouvelles les plus récentes que je dois aux soins du chargé d'affaires prussien, M. de Gerolt, l'exploitation s'est même élevée à 20 et jusqu'à 22 millions de piastres, résultat auquel ont contribué le plus, outre Zacatecas, les mines récemment exploitées de Fresnillo, de Chihuahua et de Sonora.

Dans la dernière époque paisible de la domination espagnole, je ne pouvais non plus estimer le rapport moyen des mines du Mexique, qu'à 23 millions de piastres (environ 537,000 kilog. d'argent et 1,600 kilog. d'or). Le contrôle était plus facile alors, parce qu'il n'y avait plus qu'un seul hôtel central des monnaies, et que des lois sévères restreignaient le commerce à un petit nombre de ports. Dans aucun autre lieu du monde l'activité n'était alors plus grande que dans cette monnaie centrale du Mexique, qui a livré en or et en argent indigènes, de 1690 à 1803, pour 1,353 millions de piastres, et, depuis la découverte de la Nouvelle-Espagne jusqu'à l'affranchissement du pays, environ 2,028 millions de piastres, c'est-à-dire les deux cinquièmes de tous les métaux précieux que l'Amérique tout entière a écoulés pendant le même temps vers l'ancien continent.

Ce que, par suite du découragement produit par des essais infructueux, l'on allègue sur le prétendu épuisement des richesses minérales du Mexique, est en contradiction avec la connaissance géognos-

---

de quatorze ans, moyennes calculées de telle sorte que, parmi les prix des quatorze années subséquentes, on retranche, chaque fois, les deux prix les plus élevés et les plus bas, et que l'on additionne les dix prix restants : le dixième de cette somme est alors regardé comme le prix moyen des quatorze années que l'on a considérées. De ce travail, qui embrasse de 1816 à 1837, il ressort pour le boisseau de Prusse les valeurs suivantes :

Blé......	1	thaler	23	silbergroschen	10 5/9 pfennig.
Seigle....	1	»	8	»	1 5/9 »
Orge	1	»	28	»	8 1/9 »
Avoine ..	1	»	21	»	8 1/3 »

Les points correspondants aux quatre espèces de céréales sont pour le boisseau 1 livre de Prusse (à 2 marcs de Cologne) 85, 80, 69 et 52. La livre d'or est évaluée en monnaie d'argent de Prusse à 439 thalers 11 silbergroschen 6 6/13 pfennig. La comparaison des deux périodes 1816/29 et 1824/37 montre une baisse des prix des céréales dans les États prussiens, de 14 2/7 pour 100 pour le blé; de 11 1/2 pour le seigle, de 12 pour l'orge, et de 11 13/17 pour l'avoine; diminution de prix que l'on doit attribuer, en très-grande partie, à l'accroissement de production et au meilleur emploi du sol. Le progrès de la culture s'applique aux céréales qui ont une valeur plus élevée. (*Dieterici, Uebersicht des Werkehrs*, 1838, p. 474). Je considère ici cette diminution de prix comme entièrement indépendante de l'influence ou de l'écoulement des métaux précieux.

tique du pays, et même avec les expériences les plus récentes. L'établissement monétaire de Zacatecas seul a frappé, pendant les temps d'agitation qui se sont écoulés de 1811 à 1838, plus de 66,332,000 piastres avec 7,758,000 marcs d'argent, et dans les onze dernières années (de 1822 à 1833), il a livré sans interruption de 4 à 5 millions de piastres :

1829.	4,505,108 piastres.
1830.	5,189,902 —
1831.	4,469,450 —
1832.	5,012,000 —
1833.	5,720,000 —

A Zacatecas, une seule veine, *la Veta Grande*, qui est exploitée depuis le seizième siècle, et qui jusqu'en 1738 fournit souvent en une année jusqu'à 3 millions de piastres, a mis en circulation les masses métalliques suivantes :

1828.	117,268 marcs d'argent.
1829.	235,741 —
1830.	279,288 —
1831.	272,095 —
1832.	258,498 —
1833.	209,192 —

Guanaxuato, qui, il est vrai, fournissait déjà précédemment et de mon temps jusqu'à 755,000 marcs d'argent par année, est, par contre, dernièrement descendu jusqu'au delà de la moitié de cette production. Voici son revenu :

1829. .	En or :	852 marcs ;	en argent :	269,494 marcs.
1830. .	—	1,058 —	—	284,386 —
1831. .	—	622 —	—	258,500 —
1832. .	—	1,451 —	—	300,612 —
1833. .	—	1,144 —	—	316,024 —

Quand enfin ces magnifiques contrées, favoisées sous tant de rapports par la nature, jouiront de la paix, après une longue fermenta-

---

[1] Ce n'est que cette année que M. *Ternaux-Compans*, dans sa Collection extrêmement intéressante des *Mémoires originaux pour servir à l'histoire de la découverte de l'Amérique* (*Conquête du Mexique*, p. 451), a publié une liste officielle des sommes envoyées, de 1522 à 1587, par les vice-rois de la Nouvelle-Espagne à la mère patrie. Je n'ai pas trouvé cette liste aux archives du Mexique. Elle est très-remarquable et montre que mes données antérieures sur la production métallique du Mexique, de 1521 à 1600 (*Essai politique*, t. III, p. 414), étaient plutôt encore un peu trop élevées. Une opinion contraire avait été, il y a peu de temps, exprimée fréquemment. Depuis l'administration de *Fernand Cortez* jusqu'à l'an 1552, où les mines de Zacatecas s'ouvrirent seulement, l'exportation s'éleva rarement en un an à 100,000 pesos. A partir de cette époque, elle est dans un mouvement de hausse rapide. Dans les années 1569, 1578 et 1587, elle fut déjà de 931,584, de 1,111,202 et de 1,812,031 pesos de oro. Les sommes sont calculées non d'après nos piastres, mais d'après ces *pesos de oro*. Voyez l'ouvrage instructif de M. Joseph Burkart : *Aufenthalt u. Reisen in Mexico in den Iahren 1821 bis 1834*, Première partie, p. 360 et 385 ; deuxième partie, p. 71 et 152.

tion, après une profonde agitation intérieure, de nouvelles couches métalliques seront nécessairement mises à nu et ouvertes par suite du développement de la culture du sol. Dans quelle région de la terre, en dehors de l'Amérique, peut-on produire des exemples d'une richesse en argent aussi grande? Qu'on n'oublie point que près de Sombrerete, où quelques mines furent ouvertes déjà en 1555, la famille Fagoaga (*Marquès del Apartado*) a tiré, dans l'espace de cinq mois, dans une étendue de terrain de seize toises (quatre-vingt-seize pieds), des premiers extraits d'une mine d'argent, un profit net de 4 millions de piastres, et que dans le district minier de Catorçe, dans l'espace de deux années et demie (1781-1783) dans un terrain plein de mines d'argent corné (chlorures d'argent) et de *colorados*, que le peuple appelait *la bourse de Dieu le père*, (*la bolsa de Dios padre*), un ecclésiastique, Juan Flores, fit également un gain de 3 millions et demi de piastres.

Le produit de l'or dans l'Amérique espagnole et portugaise a diminué dans une proportion beaucoup plus grande que le produit de l'argent; mais cette diminution date d'une époque de beaucoup antérieure aux révolutions politiques des régions tropicales. J'ai déjà développé, en un autre endroit, dans quelle erreur on avait été jusqu'au commencement de ce siècle sur la durée de la richesse des lavoirs brésiliens, comment on a confondu l'état florissant de cette exploitation (de 1752 à 1773) avec l'état postérieur [1]. Le rapport du *Bullion committee* [2], si important pour l'histoire du commerce, a commencé à jeter quelques lumières sur ce sujet. Je dois les renseignements les plus sûrs aux communications privées de l'ancien directeur général des mines, baron d'Eschwege. L'ouvrage de Jacob sur les métaux précieux ne renferme que des additions de peu d'importance [3]. De 1752 à 1761, l'exploitation de l'or des Minas Geraes, payant le cinquième, oscilla entre 6,400 et 8,600 kil. (L'arroba portugaise vaut, d'après Franzini, 14,656 kilog.) L'exploitation est assurément très-considérable et de beaucoup supérieure à la production actuelle de l'Oural et de l'Altaï; mais il faut se rappeler qu'en 1804, l'Amérique espagnole également donna près de 10,400 kilog. d'or, à savoir:

Nouvelle-Grenade.	4,700 kilog.
Chili.	2,800
Mexique.	1,600
Pérou.	780
Buénos-Ayres.	500
	10,380 kilog.

---

[1] *Essai politiq.*, t. III, p. 448-452.
[2] Report of the Bullion Committee of 1810, Append., 17-22.
[3] T. II, p. 205 et 395.

La production des Minas Geraes était déjà tombée pendant les années moyennes de 1785 à 1794, à 3,300 kil., de 1810 à 1817, à 1,600 kilog., de 1818 à 1820, à 428 kilog. L'assertion de M. le chevalier de Schaeffer, suivant laquelle, en 1822, on ne fournit que 24 arrobas (350 kilog.) au haut fourneau de Villa-Rica, concorde avec le résultat énoncé plus haut. Depuis ce temps, l'exploitation des mines d'or du Brésil paraît s'être relevée un peu par l'industrie de quelques compagnies anglaises ; mais ce qui a contribué à la décadence du lavage de l'or plus que l'épuisement des couches de minerai, c'est le penchant à la culture des produits coloniaux, que favorisa l'infâme traite des noirs qui dure toujours. Le commerce interlope a pris une telle extension au Brésil, qu'il serait à souhaiter qu'un indigène connaissant parfaitement la situation du pays, voulût se charger du soin d'approfondir le rapport général de la production annuelle en or depuis 1822.

C'est un fait digne de remarque, dans l'histoire de l'exploitation des mines par des Européens, que, depuis que l'exploitation de l'or dans le Brésil est tombée si bas, cette production se soit élevée à une hauteur inattendue dans l'Asie septentrionale et dans la partie méridionale des Etats-Unis de l'Amérique du Nord (d'une manière passagère, il est vrai, dans cette dernière contrée). La chaîne de l'*Oural* (Meridianviette) *se prolongeant* sous le même méridien, comme un mur, depuis l'Oust-Ourt dans la partie septentrionale de l'isthme de Truchmène jusque vers la mer Glaciale, et même, suivant les belles observations du botaniste Alexandre Schrenk et de M. Baer, jusqu'aux îles de Waïgatz et à la Nouvelle-Zemble, produit du minerai d'or dans une longueur de près de 17 degrés de latitude. Si dans les années 1821 et 1822 l'Oural ne fournissait encore que 27 à 28 pouds d'or (440 à 456 kilog.), le rapport du sable d'or de l'Oural s'éleva déjà, pendant les trois années suivantes, 1823, 1824, 1825, successivement à 105, 266 et 237 pouds. *D'après le tableau des métaux précieux recueillis dans l'empire russe et obtenus purs de tout alliage, à l'Hôtel des monnaies de Saint-Pétersbourg*, tableau qui m'a été transmis manuscrit par le comte de Cancrin, ministre des finances de Russie, la production de l'or était :

En 1828	290 pouds.	39	livres.
1829	289 —	25	
1830	347 —	27	
1831	352 —	2	
1832	380 —	31	
1833	368 —	27	
1834	363 —	10	

Lorsque, sur l'ordre de l'empereur Nicolas, j'exécutai avec mes amis

Gustave Rose et Ehrenberg, mon expédition dans l'Asie septentrionale, l'exploitation de l'or par le lavage était restreinte à la partie de la chaîne de l'Oural qui sert de limite à l'Europe. L'Altaï (en mongol, la chaîne de montagnes d'or, Altaiin-Oola [1]), ne fournissait que la petite quantité d'or (environ 1,900 marcs) qui pouvait être extraite du minerai d'argent, contenant aussi de l'or (70,000 marcs), des riches mines de Schlangenberg ou Smeïnogorsk, de Ridderski et de Syrianowski. Mais depuis 1844, ce résultat a été amplement compensé dans cette partie moyenne de la Sibérie. On a découvert des couches de sable d'or (galets) tout à fait pareilles à celles du penchant de l'Oural. La maison Popof, dont l'influence a été si avantageuse au développement du commerce de l'Asie intérieure, a donné encore ici un exemple louable. Des 398 pouds d'or (27,844 marcs) que l'empire russe tout entier fournit [2] en 1836, 293 pouds 26 livres provenaient de l'Oural, et 104 pouds 15 livres de l'Altaï. L'année suivante, en 1837, l'exploitation de la Sibérie orientale s'était déjà élevée si haut, que l'Altaï donna 130 pouds d'or lavé; l'Oural (dans les lavoirs impériaux et particuliers), 309 pouds. Si l'on ajoute à ces sommes 30 pouds d'or, qui furent extraits des minerais friables en couche continue de l'Altaï et de Nertschinsk, on trouve pour résultat exact de toute la production d'or de la Russie en l'an 1837, 469 pouds ou 7,644 kil. d'or. Les lavoirs d'or de l'Oural se trouvent donc dans une période de décadence très-lente, mais l'Altaï ajoute à la masse totale une quantité si grande que son exploitation est déjà, comparativement à celle de l'Oural, comme 4 : 9 1/2.

Ce n'est que depuis fort peu de temps que nous avons eu des renseignements sur l'extraction proprement dite des lits de sable d'or, par un géognoste très-distingué, mon ancien compagnon de voyage dans l'Oural méridional, M. de Helmersen. L'or lavé que l'on recueille depuis quelques années, en quantité toujours croissante, dans la partie orientale du gouvernement de Tomsk, n'appartient pas au grand tronc de montagnes que nous appelons la chaîne principale de l'Altaï [3], que Ledebour, Bunge et Gebler ont visitée, et dans laquelle le mont Beloucha, avec ses pointes neigeuses, s'élève, auprès des sources de la Catouïnia, jusqu'à une hauteur de 11,000 pieds, au niveau du Wetterhorn et du pic de Ténériffe. Les couches de sable mêlé d'or se montrent sur les deux versants, mais surtout sur le ver-

---

[1] Altaïn est une forme génitive de la langue mongole (Klaproth, *Mémoires relatifs à l'Asie*, t. II, p. 382).

[2] En outre (également en 1836) en platine de l'Oural, 118 pouds 2 livres, ou 8269 marcs de Cologne.

[3] C'est très-improprement qu'on l'appelle le petit Altaï. M. Helmersen aussi partage mon incrédulité sur l'existence du grand Altaï (*Fragments asiatiques*, t. I, p. 28). « Une de ces grandes et longues vallées, dit Helmersen, qui traverse la chaîne centrale de l'Altaï, est la vallée de la Buchtarma supérieure : elle sépare la partie septentrionale russe de la

sant oriental d'un petit embranchement de montagnes que l'Altaï, dont la direction est de l'est à l'ouest, projette vers le nord, dans le méridien du lac de Telesk, et qui se prolonge jusqu'au parallèle de Tomsk. « Sur les cartes, dit mon ami, M. de Helmersen, cet embranchement qui contient de l'or susceptible d'être lavé, est désigné sous les noms de montagne d'Abassanki, de Kusnezki et d'Alatau. Sous le rapport de sa direction, de sa composition intérieure [1] et de sa forme, il a avec l'Oural la similitude la plus parfaite; c'est, par le fait, une répétition de l'Oural, seulement sur une plus faible échelle. L'analogie est telle que, là aussi, le versant oriental est riche en or, et le versant occidental beaucoup moins. Comme c'est précisément ce versant occidental qui a été réservé à l'exploitation de la couronne, jusqu'à présent des entrepreneurs particuliers ont seuls mis à profit la richesse en or de l'Alatau (cette branche de l'Altaï qui se dirige vers le nord). » Des géognostes familiarisés avec mes recherches sur la direction des systèmes de montagnes de l'Asie intérieure, et avec les idées ingénieuses d'Elie de Beaumont sur le parallélisme et la succession relative de l'âge des branches et chaînes de montagnes, ne peuvent manquer de reconnaître l'importance des observations de M. de Helmersen. Je n'ai pas vu moi-même le gisement métallique septentrional de sable d'or de l'Altaï (du Kusnezki), parce que mon voyage se dirigeait de Tobolsk par Tara, et à travers le steppe de Barabinski, vers l'Altaï occidental et méridional, et de là vers le point limitrophe de la Chine, Chounimaïlekhou (dans la province d'Ili, au nord du lac de Saïsan).

Le sable d'or de l'Altaï est un peu plus riche en argent que l'or de l'Oural. Les négociants sibériens, puissamment favorisés par l'administration impériale des mines, ont même établi maintenant des lavoirs d'hiver, et l'exploitation de cette nouvelle branche de l'industrie asiatique est d'autant plus remarquable et plus satisfaisante, que les ouvriers ne sont que des travailleurs volontaires, et sont très-bien payés. D'après des renseignements très-récents que je dois à M. le ministre des finances, le comte de Cancrin, on vient de découvrir de riches couches de sables et dans la chaîne de Salairski, et auprès du fleuve Biriousa, qui sépare l'un de l'autre les gouvernements de Jeni-

---

partie méridionale chinoise. Cette partie méridionale a été fréquemment et jusque dans les temps les plus récents, désignée sous le nom de grand Altaï, par opposition à la partie septentrionale appelée le petit Altaï. A part l'impropriété de ces dénominations qui ne paraissent point fondées en nature, et qui ne sont pas acceptées par les habitants, elles ne servent qu'à perpétuer l'erreur qu'un frabricant de cartes transmet à un autre. L'Altaï chinois ne fait avec l'Altaï russe qu'un seul et même tout, et il n'y a point de motifs pour les considérer comme deux chaînes de montagnes différentes même dans leur direction. »

[1] Helmersen, dans le *Bulletin de l'Académie de Saint-Pétersbourg*, t. II, p. 107. Voyez aussi Erman, *Reise um die Erde*, t. II, p. 19-21.

seisk et d'Irkoutsk [1]. Pour toute la Sibérie, on a déjà distribué 240 licences (autorisations d'exploiter les couches aurifères).

Telle est l'importance qu'a acquise, dans ces derniers temps, le courant de l'or de l'Orient vers l'Occident (le but principal de ces recherches étant de représenter le changement des courants dans le commerce de l'or). Ces 469 pouds d'or de l'Oural et de l'Altaï (32,830 marcs de Prusse), qui constituent le rapport de l'année 1837, valent, en monnaie d'argent prussien, 7,211,000 thalers. Un tel rapport n'est plus inférieur que de 1/8 à la production en or de Minas Geraes au Brésil pendant les années les plus favorables de l'heureuse époque qui s'étend de 1752 et 1761 ; mais il est presque de 1/3 plus faible que la production exacte de la Nouvelle-Grenade, du Chili et du Mexique, peu de temps avant le commencement de la révolution dans l'Amérique espagnole. Quand on considère l'immense étendue du continent sibérien, et que l'on songe au rapide accroissement de l'or de l'Oural pendant les années 1822, 1823 et 1824, on est fondé à croire que l'affluence de l'or de Sibérie, de l'Orient vers l'Occident, de l'Asie vers l'Europe, n'a pas encore atteint son maximum. Le rapport de la Sibérie orientale montera peut-être plus rapidement que ne décroît le rapport des lavoirs de l'Oural, où l'on a exploité en premier lieu et malheureusement d'une manière trop rapide, les plus riches couches de sable. Par l'extraction hydrostatique en usage dans les lavoirs, il se perd incontestablement une grande quantité du précieux métal, attaché qu'il est à des grains d'oxyde de fer et à d'autres substances légères. Ce n'est point ici le lieu de rechercher si la méthode ingénieuse proposée par le colonel Anossow, intendant à Slatoust, qui promet de si beaux résultats et qui consisterait à fondre le minerai avec du fer et à traiter ensuite le fer contenant de l'or par l'acide sulfurique, est susceptible d'être appliquée sur une vaste échelle, à cause de la grandeur des masses qu'il faudrait réduire en fusion, de la difficulté qu'il y aurait à transporter du sable renfermant une si faible quantité d'or, et de la grande quantité du combustible qui serait nécessaire. Des essais persévérants et bien dirigés paraissent jusqu'ici se prononcer contre la possibilité de la mise en pratique de cette méthode.

Les notions que l'on a acquises depuis quinze ans à peine sur la richesse en or offerte encore aujourd'hui à l'exploitation dans l'Asie septentrionale, font songer presque involontairement aux Issedones, aux Arimaspes et aux griffons, gardiens d'immenses trésors qu'Aristée de Proconèse, et, environ deux cents ans plus tard, Hérodote, ont rendus si fameux [2]. J'ai eu le bonheur de visiter, dans l'Oural méridional, des

---

[1] Le village de Biriussinsk, sur la route de Kansk à Nijnei-Udinsk, est dans une situation très-pittoresque, entre des ruisseaux profondément encaissés : même du côté de l'orient, le sol est très-déchiré jusqu'aux rochers escarpés de grès de Nijnei-Udinsk (Erman, *Handschriftliche Nachrichten*).

[2] Dans les *Fragments d'Alcman* que M. Welcker a expliqués, ainsi que dans ceux d'Hé-

lieux où, à quelques pouces au-dessous du gazon, on a découvert, tout près les unes des autres, des masses brillantes d'or de 13, de 15 et même de 24 livres russes [1]. Il se peut que des masses beaucoup plus grandes aient été trouvées autrefois sous la forme de galets arrondis, et tout à fait à découvert sur la surface du sol. Rien d'étonnant, par conséquent, si, dès la plus haute antiquité, cet or fut recueilli par des peuples chasseurs et pasteurs; si le bruit de richesses si considérables retentit au loin et pénétra des rivages du Pont-Euxin jusqu'aux colonies helléniques, qui entrèrent de bonne heure en relation avec le nord-est de l'Asie en deçà de la mer Caspienne et du lac de l'Oxus (Aral).

Les Grecs commerçants et même les Scythes ne pénétrèrent pas eux-mêmes jusqu'aux Issedones; ils ne trafiquaient qu'avec les Argyppéens. Niebuhr, dans ses recherches sur les Scythes et les Gètes (recherches qui ne sont nullement confirmées par ce que nous savons aujourd'hui sur la différence des races et la composition des langues des peuples de l'Asie septentrionale), place les Issidones et les Arimaspes au nord d'Orenbourg [2], par conséquent dans cette contrée riche en or qui nous est maintenant si bien connue, et qui se trouve au versant oriental de l'Oural méridional. Cette opinion est défendue dans l'ouvrage substantiel, tout récemment publié par le conseiller d'État Eichwald, sous le titre : *De l'ancienne géographie de la mer Caspienne* [3]. Heeren et Voelker placent le pays de l'or d'Hérodote dans la région de l'Altaï, et j'avoue que cette opinion me semble justifiée davantage par la configuration des lieux [4]. Hérodote décrit une route commerciale par laquelle l'or de l'Altaï septentrional, ou du moins, comme je le suppose, la renommée de cet or pouvait arriver au Pont-Euxin par l'intermédiaire des Issedones et des Scythes [5]. Pour pénétrer jusqu'aux Argyppéens, qui ont la tête chauve, le nez aplati et les mâchoires très-fortes [6], il faut que les Scythes et les Grecs des colonies ponti-

---

catée et de Damastes, il est également fait mention des Issedones. (Hec, Mil, frag. ed. Klausen, n. 168, p. 92.)

[1] Le plus grand galet d'or qui ait été trouvé jusqu'ici dans l'Oural (à Alexandrowsk, près de Miask) est long de 8 pouces, large de 5 pouces 3/8, et haut de 4 3/4. Il pèse 24 livres russes 69 solotnik (43 1/2 marcs), et est conservé à Saint-Pétersbourg dans la magnifique collection de minéraux du Corps des mineurs. Parmi les galets de platine de Nischne-Tagilsk (propriété de M. de Démidoff), on en a trouvé trois d'un poids de 13, de 19 et de 20 livres. Rose, *Reise nach dem Ural*, t. I, p. 41.

[2] *Kleine historische und philologische schriften*, p. 361. (V. aussi *Herodotische Welt tafel* de Niebuhr.)

[3] Eichwald fait dériver, comme Reichard, le nom Issedones du fleuve Isset, et regarde ce peuple comme une tribu des Vogouls.

[4] Heeren, *Ideen über Politik u. Verkehr* (1824), t. I, sect. 2, p. 281-287.

[5] Voelker, *Mythische Geographie der Griechen u. Romer*, t. I, p. 188 et 191. Le commentaire de cet ouvrage par Klausen, dans la *Scheuzeitung* 1832, p. 653. (Voelker a recueilli avec le plus grand soin les passages des anciens, que je ne cite pas ici en particulier.)

[6] Ces Argyppéens vivent des fruits de l'arbre Ponticum, dont la sève s'appelle aschy, et

ques aient eu recours, pour faire leur commerce, à sept interprètes de sept langues différentes.

(Hérodote, IV, 24.) Depuis la découverte des couches si riches de sables d'or dans les embranchements que l'Altaï projète au nord jusqu'au parallèle de Tomsk, l'opinion suivant laquelle les Arimaspes auraient habité une contrée située à l'orient de l'Oural et très-éloignée de cette chaîne de montagnes, gagne assurément en vraisemblance. Suivant les conjectures d'un savant et ingénieux voyageur, Adolphe Ermann, le mythe des griffons se rattache à l'existence des ossements fossiles de pachydermes antédiluviens que l'on rencontre si fréquemment dans la Sibérie septentrionale, et dans lesquels les peuples de chasseurs croient voir les serres et la tête d'un oiseau gigantesque. Si l'on consent, conclut M. Ermann, à voir dans cette antique tradition le prototype du mythe grec, on est parfaitement fondé à dire que les mineurs ont enlevé l'or *au sein des griffons*; car rien de plus commun aujourd'hui, comme autrefois, que de rencontrer du sable d'or dans des couches de terre ou de tourbe, renfermant des ossements de cette nature; mais quelque plausible que soit cette explication, il y a cependant un fait qui lui est contraire, c'est qu'il est déjà question de ces êtres fabuleux, les griffons, dans les poëmes d'Hésiode, où ils ornent, sous la forme de monstres moitié lions, moitié aigles, les portes de Persépolis, et qu'ils arrivèrent de bonne heure, par Milet, en Grèce [1]. Un célèbre académicien russe, M. de Graefe, incline à regarder un monstre à dents énormes, l'*odontotyronnus* dont parlent des écrivains byzantins, et Julius Valerius, dont les ouvrages ont été découverts par *Maïo*, comme une vague réminiscence du mammouth sibérien, comme un écho lointain du monde primitif [2].

Le tyran dont nous venons de parler et le mythe antique des griffons ne me paraissent point avoir surgi du sein glacé des terres d'alluvion; ils me semblent plutôt des créations de l'imagination d'une zone méridionale et d'un climat chaud.

J'ai rappelé, plus haut, que dans l'Oural on trouve d'énormes masses d'or, à quelques pouces au-dessous du sol. L'eau en ruisselant, ou bien d'autres causes insignifiantes, ont pu, un jour, mettre à nu ces masses, de sorte qu'elles apparurent enfin à la surface même du

---

dont la masse après avoir été soumise à l'action du pressoir, est pétrie et convertie en tourteaux. Nemnich et Heeren déjà ont voulu y reconnaître le *Prunus Padus* (t. I, sect. 2, p. 285). — Voyez aussi Erman, *Reise um die Erde*, t. I, p. 307.

[1] Charles Otfr. Muller, *Dorier*, t. II, p. 276. (Sur le Griffon de Ctésias, considéré comme un animal bactro-indien, voy. Heeren, t. I, sect. 1, p. 239, et Bottiger, *Griechische Vasengemaelde*, t. I, n. 3, p. 105.) Hérodote aussi (IV, 79 et 152) parle deux fois des griffons comme d'images et d'ornements.

[2] Graefe, dans les *Mémoires de l'Académie de Saint-Pétersbourg*, 1830, p. 71 et 74.—Julius Valerius *Res gestæ Alexandri translatae ex Æsopo*, III, 33.—Voy. en outre la *Chronique Hamartol*, que Hase a recueillie dans les manuscrits de la bibliothèque de Paris.

sol. Ne faut-il voir qu'un mythe dans l'histoire de l'or sacré chez les Scythes, dont parle Hérodote, et dans celle des *instruments oratoires* en or tombés du ciel, et que les deux fils de rois qui s'en approchèrent les premiers ne purent toucher sans se brûler, tandis que le troisième, Calaxais, porte sans danger à la maison le métal refroidi ; ou bien serait-ce le souvenir lointain d'une chute d'aérolithes à l'état d'ignition [1]? Le fer et l'or sont-ils ici pris l'un pour l'autre, et l'or sacré ne fut-il qu'une pierre météorique, semblable à la masse trouvée par Pallas, avec laquelle on pouvait forger des instruments de labour, comme les Esquimaux de la baie de Baffin se façonnent encore de nos jours leurs couteaux avec des aérolithes à moitié ensevelis dans la neige? Je sais que les interprétations physiques des mythes anciens et des miracles modernes ne sont pas en faveur aujourd'hui, et que je risque de me fourvoyer dans les voies erronées des grammairiens d'Alexandrie ; mais il est bien pardonnable à un naturaliste de faire mention d'une chute de bolides. Peut-être le métal tombé du ciel n'était-il brûlant que pour écarter les fils aînés? Même suivant la croyance populaire répandue en Allemagne, le lieu où un trésor est enfoui cuit et brûle ; mais de semblables considérations détournent des recherches purement physiques.

Ces couches de sable aurifère retrouvées dans l'Asie septentrionale en deçà de l'Obi, ce chiffre de 130 pouds ou 9,100 marcs de Prusse, auquel s'est élevé, pendant un an, le rapport de l'or tiré de l'Altaï ou de Kusnezki, est un événement dans l'histoire du commerce de l'or, et c'est un événement d'autant plus important, qu'il appartient à cette partie de l'Asie qui se trouve sous la domination immédiate de l'Europe, et que le produit de l'exploitation, en s'écoulant vers l'Occident, exerce son influence tout entière sur le commerce de l'or en Europe. Quelque ancienne que soit, en Asie, l'exploitation en usage pour le minerai consistant, connu sous la dénomination vague de filons tchoudiques [2], l'existence des masses considérables d'or ouvré, trouvées à la première occupation de ce pays dans les tombeaux, et dont les collec-

---

[1] Je donne ici le passage d'Hérodote d'après la traduction latine de Schweighaüeser : Targitao filios fuisse tres, Leipoxaïn et Arpoxaïn, minimumque natu Calaxaïn. His regnantibus, de cœlo delapsa aurea instrumenta, aratrum et jugum et bipennem et phialam, decidisse in Scythicam terram. Et illorum natu maximum, qui primus conspexisset, propius accedentem capere ista voluisse ; sed eo accedente, aurum arsisse. Quo digresso, accessisse alterum, et itidem arsisse aurum. Hos igitur ardens aurum repudiasse ; accidente vero natu minimo fuisse extinctum, huncque illud domum suam contulisse : qua re intellecta, fratres majores ultro universum regnum minimo natu tradidisse. Sacrum autem illud aurum custodiunt reges summa cura, et quotannis conveniunt, majoribus sacrificiis illud placantes, Dicuntque Scythæ, si quis festis illis diebus aurum hoc tenens obdormiverit sub dio, hunc non transigere illum annum. »

Les Massagètes, tribu des Alains, d'après Ammien Marcellin, employaient pour leur équipement et pour orner leurs chevaux, l'or, comme d'autres peuples font du fer. (Hér., I, 215.)

[2] Ce que l'on a appelé les filons tchoudiques et les mines tchoudiques de l'Asie septen-

tions de Pétersbourg possèdent des spécimens si remarquables, s'explique plus parfaitement par la découverte, à des époques reculées, de galets d'or dans les terrains écroulés, immédiatement au-dessous de la surface du sol. Müller, cet excellent historien de la Sibérie, raconte que les premières découvertes d'or dans les tombeaux (kourganoui) firent baisser de la manière la plus surprenante la valeur de ce métal à Krasnojarsk ¹. L'Asie intérieure, resserrée entre la chaîne de l'Himalaya et la chaîne volcanique appelée Montagne céleste, forme, comme la Chine, un tout clos au point de vue politique et presque aussi au point de vue commercial. Quelque incertaines que soient les notions que nous possédons sur ce point du globe, cependant, depuis la brillante époque des dynasties mongoles à la fin du treizième siècle, depuis le voyage du Vénitien Poli, la renommée des couches de sable aurifère de l'intérieur de l'Asie a pénétré jusqu'en Europe (au sud par l'Inde, au nord par la Sibérie).

Les journaux de Calcutta rapportent que, dans tout le Thibet occidental, les fleuves charrient de l'or, et que les indigènes extraient ce métal par l'amalgame. D'anciens mythes indiens font du souverain du Nord, Kouwera, le dieu de la richesse, et il est assez remarquable que la résidence du dieu (Alakâ) se trouve, non dans la chaîne de l'Himalaya elle-même, mais sur le Kaïlâsa, en deçà de l'Himalaya, dans le Thibet ². C'est plus au nord-ouest, en deçà de la chaîne de montagnes de Kouenloun, qui sépare les districts de Ladak et de Khotan, que Heeren ³ place, avec beaucoup de vraisemblance à mon avis, le grand désert de sable si riche en or, que les Indiens limitrophes de Caspatyrus (Cachemir) visitaient, et dans lequel des fourmis plus petites que des chiens, mais plus grandes que des renards, se creusaient leur demeure. Le Bolor, dont le versant oriental conduit à Khoufaloun, pays que les géographes désignent sous le nom de petit Thibet, ou Kashgar, et au lac Lop au milieu des steppes, a, sur son versant occidental, offert aussi au voyageur distingué qui a exploré le dernier cette *terra incognita*, Alexandre Burnes, les couches de sable d'or de Durrvaz et du cours supérieur de l'Oxus qu'il a décrites ⁴. En Chine, l'exploitation de l'or par le lavage date également de la plus haute antiquité, et l'on

---

trionale, n'appartient pas à la même souche de peuple. Le nom de ce peuple de Cabires, qui recherchent le minerai et forgent le métal, ne désignait originairement que des *étrangers*, des *non-Russes* (barbari), mais d'une manière plus déterminée dans les Annales russes, d'après Klaproth (*Asia polyglotta*, p. 184), et d'après les plus récentes et savantes recherches de Sjogren (*Mém. de l'Académie de Saint-Pétersbourg*, VI° série, t. I, p. 308), toutes les tribus finnoises et ouraliennes.

¹ *Journal asiatique*, t. II, p. 12.

² Albert Hoefer, *Uebersetzung des Urwasi, des Kalidâsa*, 1837, p. 90.

³ Hér., III, 102-106 (Heeren, 1ʳᵉ partie, 2ᵉ sect., p. 90, 102, 310-315). Compar. Ritter, *Asien*, t. II, 657-660.

⁴ Burnes, *Travels*, t. II, p. 165. En 1831 on trouvait encore dans l'Oxus des galets d'or de la grosseur d'un œuf de pigeon. Comme le Rhin, l'Oxus (Djihoun) roule son sable d'or

distingne dans la nomenclature des mines de ce peuple pédantesque *les champs d'or*[1] (couches de minerai d'or d'une vaste étendue dans les plaines), et les galets d'or sous le nom de *têtes de chiens*, de *grains de froment*, et de *poussière de millet*. Malheureusement, dans le Choca, dans la Sonora et dans l'Oural, comme partout, il y a moins de *têtes de chiens* que de *poussière de millet d'or*.

Presqu'à la même époque où l'Oural livrait ses trésors, et commençait à remplacer les produits de l'exploitation brésilienne, tombée dans une profonde décadence, on découvrit, dans la partie méridionale des Alleghanis, dans la Virginie, dans la Caroline septentrionale et méridionale, en Géorgie, dans le Tennessée et l'Alabama, des couches de minerai d'or promettant des produits considérables.

L'époque de la plus grande prospérité, dans l'Amérique septentrionale, de cette exploitation par le lavage, à laquelle succéda bientôt l'exploitation minière, comprend l'intervalle qui s'écoule de 1830 à 1835. Sans doute, dans les huit dernières années, elle n'a pas fourni beaucoup au delà de 4 millions et demi de dollars; mais l'apparition de terrains aurifères à une si grande proximité des rivages de l'Atlantique mérite, sous le point de vue géognostique, une attention plus grande que celle qu'on lui a accordée en Europe. Elle offre, en outre, un grand intérêt historique, attendu que la grande quantité d'or que les premiers *conquistadores* espagnols trouvèrent entre les mains des indigènes de la Floride, ne doit plus être maintenant considérée comme provenant d'anciennes relations avec le Mexique (Anahuac), ou avec Haïti.

M. Jacob, dans un livre déjà plusieurs fois mentionné, sur les métaux précieux, a pu encore n'estimer qu'à 130,000 dollars le rapport des lavoirs de l'Amérique septentrionale; mais, peu d'années après, il s'éleva à 800,000 et jusqu'à un million de dollars. Dans le comté de Cavarras (Caroline du nord), on a trouvé un galet d'or de 28 livres (poids anglais dit *avoir du poids*), et à côté, plusieurs de 4 à 10 livres[2]. Depuis mon retour de la Sibérie, j'ai cherché sans inter-

---

jusqu'à son embouchure, et la malheureuse expédition du prince Alexandre Bekewitsch, que Pierre le Grand fit entreprendre en 1716, fut motivée par les renseignements mensongèrement exagérés de *Truchmène*, sur l'accumulation du sable d'or à l'ancienne embouchure de l'Oxus (au sud de la petite chaîne des Balkans, auprès du rivage oriental de la mer Caspienne).

[1] Landresse, *sur les alluvions aurifères de la Chine*, dans le *Journal asiatique*, t. II, p. 90.

[2] D'après des renseignements manuscrits qui m'ont été communiqués par mon plus ancien ami de jeunesse, M. Freiesleben, inspecteur général des mines, on aurait même trouvé, en 1831, dans Auson County, au milieu d'éboulis de quartz et de grauwakenschiefer (littéralement : schiste de wache gris (basalte composé), un galet d'or pesant 48 livres. Ces renseignements manuscrits étaient accompagnés d'une collection de minéraux, que le frère de feu l'inspecteur d'Académie, Kohler, envoya à Freiberg. — Pourquoi des savants nord-américains ne nous donnent-ils pas quelques renseignements plus précis sur ces galets d'or colossals de 28 et de 48 livres?

ruption, et la plupart du temps inutilement, à me procurer des données exactes sur la continuation du lavage de l'or dans les Etats méridionaux, et ce n'est que tout récemment que j'ai été assez heureux pour voir mes efforts couronnés de succès, grâce à la bonté du directeur actuel de la Banque, M. Albert Gallatin, l'un des plus habiles hommes d'Etat de notre temps [1]. J'insère ici quelques passages d'une lettre de cet homme d'une science agrandie par tant de voyages.

« Les terrains aurifères de l'Oural, et peut-être de toute l'Asie septentrionale, devaient assurément attirer notre attention sur les lavoirs et sur notre exploitation minière dans les Etats méridionaux. J'espère pouvoir bientôt répondre à vos questions géognostiques par le professeur Patterson, qui est en même temps directeur de la Monnaie, et par le professeur Renwick, à New-Yorck, tous deux minéralogistes distingués. Aujourd'hui, je vous envoie, d'après des documents officiels, le tableau spécial de tout l'argent frappé depuis 1824, dans notre Hôtel de monnaies, avec de l'or indigène [2].

Tableau de la production annuelle en or destiné à être monnayé, et extrait des mines d'or des États-Unis.

ANNÉES.	VIRGINIE.	CAROLINE DU NORD.	CAROLINE DU SUD.	GÉORGIE.	TENNESSÉE	ALABAMA	INDÉTERMINÉE.	TOTAL.
	doll.	doll.	doll.	doll.	doll.	doll.	doll.	doll.
1824....	»	5,000	»	»	»	»	»	5,000
1825....	»	17,000	»	»	»	»	»	17,000
1826....	»	20,000	»	»	»	»	»	20,000
1827....	»	21,000	»	»	»	»	»	21,000
1828....	»	46,000	»	»	»	»	»	46,000
1829....	2,500	134,000	3,500	»	»	»	»	140,000
1830....	24,000	204,000	26,000	212,000	»	»	»	466,000
1831....	26,000	294,000	22,000	176,000	1,000	1,000	»	520,000
1832....	34,000	458,000	45,000	140,000	1,000	»	»	678,000
1833....	104,000	475,000	66,000	216,000	7,000	»	»	868,000
1834....	62,000	380,000	38,000	415,000	3,000	»	»	898,000
1835....	60,000	263,000	42,000	319,000	100	»	12,200	698,500
1836....	62,000	148,000	55,000	201,000	300	»	»	467,000
	374,500	2,465,600	298,000	1,680,300	12,400	1,000	12,200	4,844,500

« Vous demandez combien l'on devrait ajouter à peu près annuellement, à cause de la contrebande, aux sommes que ce tableau produit. Une semblable évaluation serait difficile; mais je crois pouvoir vous dire, avec quelque assurance, qu'en aucune année la production de l'or (l'exploitation) n'a dépassé un million de dollars. La perte qu'occasionne la contrebande est d'autant plus faible que, d'après nos

---

[1] Né à Genève, mais établi aux États-Unis dès l'époque de la guerre de l'Indépendance, ministre des finances sous la brillante présidence de Jefferson, puis ambassadeur à Paris, à Saint-Pétersbourg et à Londres.
[2] Ce tableau statistique se trouve également dans le livre éminemment instructif, intitulé : *American Almanac and Repository of useful Knowledge for* 1838 (Boston, publ. by Ch. Bower), p. 131 ; ce petit ouvrage pourrait servir de modèle à beaucoup de livres européens.

lois les plus récentes, l'or, dans son rapport à l'argent, est évalué à 2 pour 100 au-dessous de son prix ordinaire. D'après ces lois, ce rapport entre l'or et l'argent est comme 16 : 1. C'est pour cette raison que tout l'or produit par le pays rentre dans notre Hôtel des monnaies. En général les anciens lavoirs baissent, surtout dans la Caroline; néanmoins on découvre toujours de nouvelles veines riches en or, et l'exploitation des mines d'or proprement dites donne aussi de plus grandes espérances. »

A ces renseignements pleins d'intérêt, j'ajoute que les régions de l'Amérique septentrionale, qui renferment de l'or, ont été visitées tout récemment par un Allemand très-expérimenté dans l'exploitation des mines, M. Charles Degenhardt (actuellement à Clausthal au Harz), et par M. Featherstonhaugh, qui a découvert de l'étain oxydé et du cinabre. Le gain et avec lui le goût que l'on avait pour l'extraction de l'or par le lavage et pour l'exploitation des mines d'or, ont baissé d'une manière rapide depuis 1835. Un pays qui, à côté d'une prospérité toujours croissante, jouit du bonheur de la plus grande liberté dans les relations, a des moyens plus sûrs pour rendre ses capitaux productifs; mais dans l'histoire du commerce monétaire, les masses métalliques arrachées au sein de la terre et mises en circulation, et le mouvement d'affluence et d'écoulement de ces masses en différentes directions, intéressent plus que l'avantage passager que procure l'exploitation des couches.

Les courants des métaux précieux ayant pour point de départ l'Asie et l'Amérique et venant s'écouler dans notre petit continent, et de ce dernier retournant en partie vers le pays où ils ont pris leurs sources, suivent, comme les liquides, les lois de l'équilibre. Les régions riches en or, mais peu connues des Européens, de l'intérieur de l'Asie et de l'Afrique, forment de petis bassins pour ainsi dire fermés, qui n'entrent que faiblement en relation avec les côtes et, par elles, avec le commerce général du monde. D'un autre côté, et sous l'influence de la civilisation occidentale, il y a un continuel mouvement de flux et de reflux depuis Nertschinsk, l'Altaï et l'Oural jusqu'en deçà de l'Océan atlantique sur les bords du Missouri. La valeur d'échange de ces métaux, qu'on les considère dans leur rapport l'un vis-à-vis de l'autre, ou comme mesure du prix des marchandises (prix des substances alimentaires et des objets fabriqués), n'est nullement déterminée uniquement et en général par l'accroissement ou la diminution de la production métallique : cette valeur d'échange, au milieu des institutions et des relations compliquées de la vie actuelle des peuples, est, je le répète, déterminée tout autant par l'accroissement ou la diminution de la population et ses progrès dans la civilisation, par le besoin d'un capital de circulation, besoin qui est dépendant de la population, par la nécessité fréquente d'envoyer des sommes considérables d'argent comptant et par la direction de ces envois, par l'inégalité du frai des deux métaux précieux, par la masse de papier-monnaie faisant partie du capital en circulation. Une hausse de la valeur relative de l'or, vis-à-vis de la valeur de l'argent, peut aussi bien avoir lieu pendant un accroissement général de la production de l'or, que l'abaissement passager du baromètre et une élévation croissante de température par un vent du nord-est. Dans les variations météorologiques de l'atmosphère, aussi bien que dans le commerce général des métaux précieux, il y a beaucoup de causes de perturbation qui agissent simultanément. Le résultat de chaque cause prise isolément en tant qu'elle fait hausser ou baisser le prix, est susceptible d'être déterminé; mais ce qui ne l'est pas, au milieu de la quantité innombrable de perturbations qui s'ajoutent et s'accumulent, c'est la mesure des compensations partielles, c'est la nature et la mesure de l'effet total.

Les augmentations de produit dont notre imagination est surprise disparaissent, pour ainsi dire, comme un infiniment petit dans la masse accumulée depuis des milliers d'années et que le commerce général entretient en circulation, soit qu'on la suppose réduite en monnaie ou convertie en objets d'orfévrerie.

Chaque augmentation nouvelle agit, sans aucun doute, par une longue durée de temps; mais, comme une population plus grande et d'une prospérité croissante a besoin aussi d'un capital en circulation plus considérable, il se peut que, malgré l'augmentation de la quantité du métal, il se produise, par suite de la division, une pénurie méallique sensible.

Avant les grandes découvertes des filons d'or du versant oriental de l'Oural, dont la véritable prospérité ne commença qu'en 1823 et 1824, la valeur d'échange de l'argent, par rapport à l'or, fut en moyenne, de 1818 à 1822, comme 1 : 15, 75; et pourtant, après la féconde exploitation de l'or de l'Oural, il ne tomba, pendant les cinq années 1830-1834, en moyenne, qu'à 1 : 15, 73. Dans cet intervalle, comme je l'ai dit plus haut déjà, 1,294,000 marcs d'or avaient été monnayés en Angleterre pour rétablir l'échange au moyen d'argent métallique. Quelle est maintenant la part qu'a eue à cette variation de la valeur hange ¹ la diminution d'exportation des métaux précieux du nou-

---

¹ Je communique ici les résultats de soigneuses recherches que je dois à l'amitié d'un homme également expérimenté dans les questions de l'économie commerciale et politique. M. Joseph Mendelsohn a recueilli, à ma prière, les prix officiels de l'or et de l'or en barres (non monnayé) à Londres et à Hambourg de 1816 à 1837, et a calculé pour chaque année une moyenne. « A Londres, les rapports des métaux, troublés par une longue guerre, furent de 1816 à 1819 très-anormaux; en 1816, comme 1 : 15,800, et en 1819, comme 1 : 14,975. Ce n'est qu'en l'an 1820 qu'une plus grande fermeté commence à se faire sentir à Londres dans ces rapports : les extrêmes furent 1825 et 1833, années pendant lesquelles les rapports furent 1 : 15,319 et 1 : 15,899. (Différence 7 et un demi-treizième). Il n'y eut pas de mouvement permanent de hausse ou de baisse. Sur le marché de Hambourg les fluctuations furent beaucoup plus faibles. Le rapport y fut le plus élevé en 1821, le plus bas en 1817: dans la première année comme 1 : 15,065; dans la seconde comme 1 : 15,635. (Différence en vingt-un ans seulement 4 un tiers treizième). Mais le marché

veau continent? Il est à peine besoin de faire mention ici des lavoirs brésiliens, puisque dans ce temps ils fournirent à peine annuellement 1,700 marcs. Quand même on accorderait que, dans les douze années qui sont les plus proches de la première éruption de la révolution, la production en or de l'Amérique espagnole tomba au-dessous d'un tiers de ce qu'était à la dernière époque florissante de l'exploitation (1800-1806) le rapport moyen; la perte pour l'importation, pendant les onze ans (1816-1827), ne s'élèverait pourtant qu'à 83,200 kilog. Mais, d'un autre côté, de 1823 à 1827, l'Oural a déjà donné une compensation de 17,300 kilog. Pendant ces douze années donc, l'Europe n'a reçu que 286,000 marcs d'or, moins qu'ordinairement. J'ai choisi avec soin un exemple qui offrit des éléments numériques suffisamment sûrs. Le résultat trouvé, c'est qu'on a dû se passer d'une masse d'or qui tient le milieu entre un quart et un cinquième de l'or monnayé pendant les douze ans à la Monnaie de Londres. Si l'on considère la valeur d'échange des métaux précieux sans tenir compte des hasards purement locaux, par exemple, la valeur de l'or en barres à Hambourg, on n'y reconnaît, de 1816 à 1817, ni l'influence de l'exploitation asiatique, ni la diminution de production en or de l'Amérique espagnole.

Le maximum que la valeur d'échange de l'or atteignit en l'an 1827, s'est maintenu avec de faibles oscillations jusqu'en 1832. A cette époque, une baisse insensible, mais une baisse très-régulièrement progressive se fait remarquer. L'or russe sorti de la chaîne de l'Oural et de la Sibérie a produit une partie de cet effet, mais nous ne devons pas oublier que toute la production en or de la Russie, quelque impor-

---

de Hambourg est beaucoup plus propre à fournir une juste appréciation du rapport de la valeur d'échange des métaux.

A Londres, les prix de l'or non monnayé et de l'argent sont tous deux variables; l'un et l'autre sont négociés contre l'argent anglais monnayé ou contre le papier représentant cet argent. A Hambourg, au contraire, l'argent non monnayé n'a pas de prix variable; il est lui-même la mesure qui détermine tous les autres prix. Le marc fin de Cologne à 27 3/4 marc banko est la valeur dans laquelle toutes les marchandises, et par conséquent aussi l'argent monnayé, sont négociés et estimés. Les rapports des prix des deux métaux sont sujets à Londres à des influences fortuites doubles comparativement à Hambourg. Lorsqu'à Londres il faut acheter une quantité considérable d'argent contre de l'or, il faut que l'argent soit d'abord vendu, ce qui fait que ce prix de l'argent tombe un peu. Pour l'argent reçu, on achète de l'or, par suite l'or monte. Si une semblable opération est de quelque importance, le rapport de l'or vis-à-vis de l'argent est élevé doublement, l'or monte et l'argent baisse. Pour une opération toute semblable à Hambourg, il n'y a pas de vente d'argent : le prix de l'argent est invariable et la hausse de l'or produite par la demande, modifie seule le rapport. Voici quelques groupes particuliers d'années tirés du tableau des rapports de Hambourg, qui m'ont été communiqués par mon ami:

1816	15,790	1817	15,635	1818	15,685
1819	15,642	1820	15,660	1825	15,693
1826	15,750	1827	15,727	1828	15,776
1829	15,769	1833	15,748	1834	15,663
1835	15,693	1836	15,733	1837	15,711

tante qu'elle nous paraisse sous un autre point de vue, ne s'élève pourtant, de 1823 à 1837, qu'à 302,000 marcs, encore un dix-neuvième de moins que la plus faible exportation d'or de l'Amérique espagnole pendant l'intervalle qui s'écoule de 1816 à 1827.

Aujourd'hui même encore, dans la république du Mexique et de l'Amérique méridionale, l'exploitation minière de l'or s'est moins relevée que la production de l'argent. En outre, les États-Unis, à peine échappés à leurs grands embarras de finance et de banque, ont besoin de grandes quantités d'or qui leur sont envoyées d'Europe. C'est là un écoulement de l'or vers l'Occident qui, à côté de l'action continue de beaucoup d'autres causes, masque l'effet que nous sommes enclins à attribuer à l'accroissement de production de l'Asie. La cause principale du faible effet de l'exploitation de l'or de l'Oural et de l'Asie septentrionale se trouve, comme je l'ai déjà fait observer plusieurs fois, dans la faiblesse relative de l'importation, comparée à la masse déjà en circulation de métaux précieux. L'écoulement vers l'Asie, que j'ai eu occasion d'étudier [1] en autre lieu à différentes époques, est décidément en baisse. Pour l'année 1831, M. Jacob évaluait encore à deux millions de livres sterling la perte annuelle de la balance commerciale anglaise dans le commerce avec l'Asie, en passant autour du cap de Bonne-Espérance. Autant que je m'en souviens, c'était aussi là l'opinion du grand homme d'État, enlevé par une mort prématurée, M. Huskisson. Malgré le besoin si considérable de café, de thé, de sucre et de cacao, que le quinzième siècle ne connaissait pas, le commerce des épices est encore un objet très-considérable dans la balance passive du commerce de l'Europe. Dans les États composant l'Union douanière allemande, la consommation des épices est, d'après les recherches les plus récentes et tout à fait officielles, montée, pendant les années 1834, 1835 et 1836, à une valeur de [2] :

2,426,000 thalers,
2,592,000 —
4,876,000 —

En France, la consommation n'a été, dans les mêmes années, que de :

---

[1] *Sur les quantités relatives de métaux précieux et réduits en objets d'orfèvrerie et sur les changements qu'éprouve l'accumulation des métaux précieux en Europe*, dans la deuxième édition de mon *Essai polit.*, t. III, p. 436-444 et p. 460-476. Une défense de mes *Vues sur l'accumulation des métaux précieux*, est contenue dans l'*Edimbourg Review*, 1832, avril, p. 43-61.

[2] Dieterici, *Tableau statistique du commerce dans l'Association douanière*, en 1838, p. 187 à 194. Dans les trois premières années énoncées plus haut, la population des pays renfermés dans le Zollverein était de 23,478,000 habitants ; mais, en l'an 1836, elle fut de 25,148,000 habitants. La consommation des épices en France (*Tableau décennal du commerce de la France*, publié par l'administration des douanes, comprenant les années 1827-1836) est d'une infériorité frappante vis-à-vis de celle des États formant Zollverein. La consommation relative des deux nations prises isolément, que je mets sous les

5,476,000 francs.
3,982,000 —
4,856,000 —

Mais dans l'Europe entière, sur une population d'au moins 228 millions d'âmes, elle ne s'élève vraisemblablement pas à moins de 14 à 16 millions de thalers, somme dont la vanille, les noix muscades, les fleurs de muscadier, le poivre et la cannelle, absorbent presque les deux tiers. Quand on songe combien la somme de la valeur des épices, par suite de la consommation actuelle de l'Europe, doit être grande comparativement à la somme autour de laquelle, à la fin du quinzième siècle, tournait pour ainsi dire la partie la plus importante du commerce international d'alors, on a ici un nouvel exemple remarquable de la puissance des métaux, quand ils exercent avec une force concentrée leur influence sur un étroit espace (alors les bords de la mer Méditerranée et l'Europe occidentale). Le commerce des épices donna lieu par hasard à la découverte du nouveau continent; il conduisit les Portugais autour de la pointe méridionale de l'Afrique vers l'Inde, comme il avait conduit jadis les Grecs et les Romains vers Taprobane. Lorsque Christophe Colomb veut parvenir en *orient par l'occident*, Paul Toscanelli, de Florence, lui écrit au 24 juin 1474 déjà : « Je me réjouis d'apprendre que vous nourrissez le grand et beau désir d'arriver par un chemin plus court au pays, *onde nacen*

---

yeux dans le tableau suivant, en francs et en kilogrammes pour la France, en thalers et en quintaux de Prusse pour les États allemands, jette quelque lumière sur la manière de vivre de deux peuples voisins.

ARTICLES PRINCIPAUX de la CONSOMMATION des épices.	FRANCE, 33 MILLIONS D'HABITANTS.			ZOLLVEREIN ALLEMAND, 23 1/3 – 25 MILLIONS D'HABITANTS.		
	1834	1835	1836	1834	1835	1836
	francs.	francs.	francs.	thalers de Prus.	thal. de Prus.	thal. de Prus.
Poivre et piment.	3,267,000 (2,535,000 kil.)	2,322,000 (1,652,000 kil.)	2,796,000 (1,997,000 k.)	292,100 (17,000 quint.)	336,000 (20,200 quint.)	440,000 (24,000 quint.)
Vanille	1,178,000 (4,750 kil.)	1,259,000 (5,000 kil.)	1,412,000 (5,600 kil.)	584,000 (212 quint.)	707,000 (235 quint.)	813,000 (337 quint.)
Cannelle	694,000 (155,000 kil.)	82,000 (18,700 kil.)	335,000 (77,000 kil.)	426,000 (1,212 quint.)	380,000 (1,100 quint.)	407,000 (1,160 quint.)
Girofle	271,000 (80,200 kil.)	240,000 (85,050 kil.)	240,000 (85,000 kil.)	71,000 (6,300 quint.)	83,000 (2,172 quint.)	95,500 (2,300 quint.)
Noix muscades et fleurs de muscadier	33,000 (6,900 kil.)	27,000 (4,600 kil.)	36,200 (7,300 kil.)	543,700 (3,400 quint.)	553,000 (3,900 quint.)	584,000 (3,400 quint.)
	5,476,000 ou 2,600,000 kil.	3,982,000 ou 1,775,000 kil.	4,856,000 ou 2,171,000 k.	2,426,000 ou 28,600 quint.	2,592,000 ou 31,600	2,876,000 ou 32,000

Une longue étude de la géographie du moyen âge et des recherches sur l'influence si tardive que le voyage de Gama a exercée sur l'entière transformation du commerce des épices, me conduisirent à un travail spécial sur la consommation actuelle des épices en Europe. Le conseiller d'État intime, M. Dieterici, m'a communiqué pour ce travail, et sous une forme manuscrite, de nouveaux et intéressants matériaux.

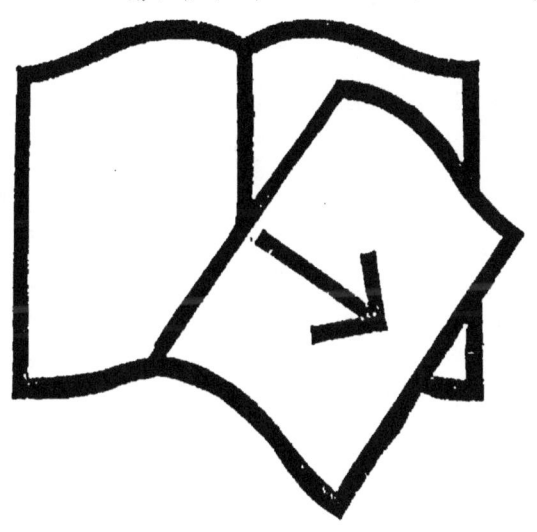

Documents manquants (pages, cahiers...)
NF Z 43-120-13

www.ingramcontent.com/pod-product-compliance
Lightning Source LLC
Chambersburg PA
CBHW061014050426
42453CB00009B/1429